U0931787

靈修著作精選

敢於跟隨主

鄧瑞強 著

基道出版社

▼

靈修著作精選

敢於跟隨主

作者
鄧瑞強 Tang, Sui-Keung

責任編輯
羅慧琪

裝幀設計
奇文雲海 · 設計顧問

■

出版 / 發行
基道出版社
香港沙田火炭坳背灣街 26 號富騰工業中心 1011 室
LOGOS PUBLISHERS
Unit 1011, Fo Tan Ind. Centre, 26 Au Pui Wan St., Shatin, Hong Kong
電話：(852) 2687-0331 傳真：(852) 2687-0281
網址：http://www.logos.com.hk

承印
陽光 (彩美) 印刷公司

●

7/2016 初版
Cat. No. LP660
ISBN: 978-962-457-526-2

本書頁 15、29、45、97 圖片由 Botan Leung 拍攝及提供，蒙允許使用，特此鳴謝。

刷次	10	9	8	7	6	5	4	3	2	1
年份	2025	2024	2023	2022	2021	2020	2019	2018	2017	2016

目錄

緒序

鄧瑞強博士是香港神學院神學及倫理科的老師，也是中文大學崇基禮拜堂的榮譽助理校牧。這本集子所收的，都是他在主日時在崇基禮拜堂曾宣講過的講章。故此，這些講章皆有其聽眾羣體，就是中文大學中各院系的基督徒老師及同學、廣大信徒或非信徒羣體。

瑞強博士念哲學出身，故此哲學根基深厚，說理清晰，條理分明，遇上難解的問題，常能借用比喻和故事說出困難之所在，提供可行之解答，令學生一聽便能明白，解除困惑，是一位很難得的說理高手，令人心悅誠服。

他也有多年牧養教會的經驗，主日宣講聖道乃其不可少的服事。經文分析、資料搜集、講章編寫、信息對聽眾的應用等各方面，都訓練有素，拿捏得體到位。對一位講道人來說，從經文到講章，是一段艱巨的旅程。在這段旅程中，他卻踏平了多少崎嶇，練就一身好本領。他是一位吸引信徒用心聆聽的講者。

集子中的另一個特色是故事，故事來源多姿多彩，從古典的文學巨著到當下的報章時事，由學術著作到通俗文章，從教父事迹到生活趣事，從猶太塔木德（Talmud）到奧古斯丁（Augustine）的《懺悔錄》（*Confession*），從希特拉（Adolf Hitler）到德蘭修女（Mother Teresa）…… 總而言之，取材廣泛，趣味盎然，且用得恰到好處，在講章中與經文互相輝映，互相解釋，互相補充，使經文意義更為清晰，經文的適切性更被開拓提升。他是一位出色的說故事者。

作為一個神學人，他習慣於推理和演繹，因為做神學的方法離不開邏輯推論及哲學思辨。故此，任何一個題目到他手中，都會有一番推理過程；但另一方面，瑞強也是一位著重聖經的人，故此他的推論也不會脫離經文的規範。難怪這個以神學演繹方法來思考經文，從而寫出來的講章如斯有活力和吸引，充滿想像和創意。這比一個以傳統釋經方法，再經神學角度思考而寫出來的講章，有時來得更有特色和創意。

我與瑞強同工，故能夠近距離聆聽和觀摩他在講台上的宣講；對一個傳道者來説，每一次講道都如演員踏出舞台，從那一刻開始，你的舉手投足、言辭笑怒、語句表情、講章層次，都在聽眾的凝神靜聽之下。他們如批改作業的老師，以鋭利的目光找尋紕漏，顯露錯誤。在那刻，許多聽眾都成了批評家，將講道者評得遍體鱗傷、體無完膚。在聆聽瑞強宣講的體會中，我卻完全沒有上述的經驗。相反，我卻是一愉悦的、驚喜的聆聽者，驚訝於經文竟可如此被演繹，震懾於上主聖言的豐富。

古典的修辭學（Rhetoric）大體有三個目的：傳遞知識（inform）、激勵（motivate）、娛樂（entertain）。大學殿堂裏飽讀詩書的教授們，以傳授知識為己任，這便是修辭學的第一個目的；將軍向出征前的軍兵，或球賽開始前教練對球員們的激勵言辭，便是第二個目標；向大眾表演以娛賓者，如歌手、魔術師，是第三個目標。傳道人的講章肯定有傳遞知識的目的，在教導教義，糾正錯誤教導，解釋信仰的過程中，以理性分析，使信徒明白真道。瑞強這本講道集中，差不多每篇都有知識的傳遞，是聖經知識、神學知識、教義的解釋……。這本講道集也充滿了傳道者對聖經的熱愛和對神學的激情，故此每篇皆以引人入勝的名人經歷、短句雋語、古典故事中的片段等，以古道熱腸的心胸、苦口婆心的勸說，呼籲信徒愛主愛人，追求公義，摒棄黑暗和不公，激勵信徒充滿盼望，等候終末之來臨。

若說瑞強的講章充滿娛樂性似乎貶低了講章應有的崇高的宗教和屬靈價值，但閱讀及聆聽瑞強的講章，卻令我有一絲莫名的愉悦情緒。講章內的說理引導我思考，豐富的故事雋語令我心情起伏，令人意外的神學論據使我驚歎，在這些講章裏，聖經與人生相遇，神學與文學相輝映，奧古斯丁、陀思妥耶夫斯基（Fyodor Dostoevsky）、魯益師（C. S. Lewis）、傅士德（Richard Foster）、德蘭修女、莫特曼（Jürgen Moltmann）、福柯（Michel Foucault）等……輪番登場，以其特有的故事來解釋和點綴講章，使講章的意義更為突出，格外感人。還有許多無名之人，如隱蔽青年、韓農、不知名的小孩子等，都為講章服務，使聽者受感動，讀者更動容。

若說講章裏所有的一切，都被編排了角色，目的是使經文的信息能有效地被呈現出來，而信息最終極的目的，就是讓耶穌基督被尊崇，上帝恩典的光輝能普照四方，驅逐黑暗。透過這本講章集，我們遇見了耶穌，體會了真理，經歷了恩典，正如聖經記載：「……恩典和真理都是從耶穌基督來的。」（約一17）

祈願將來能讀到更多瑞強的講章，讓講章不單是口傳的，也是可以閱讀的，更是可從其中獲得知識、得著激勵、充盈愉悅的。

褚永華

二〇一六年六月

趙序

香港教會重視講道是不爭的事實。不少教會將講台放在教堂前方中央的位置，講道佔去整個崇拜程序接近一半的時間，甚至不少信徒返崇拜也只是為了聽道，均表明了講道是教會崇拜的焦點所在。信徒看重上帝的道固然是好事，畢竟宣講聖道，就是教會存在的意義，也是讓教會成為真教會的必要條件，傳道人被召原本也是為此。

然而，信徒重視宣講是一回事，喜歡聽甚麼道又是另一回事。在一個娛樂至上和感性文化主導的社會裏，稍為嚴肅及著重理性分析的釋經講道，對不少信徒來說，可能已經覺得沉重和吃不消了。他們愛聽的「道」，也許是一些感人肺腑的見證故事，或是「非常實用」有助於解決難題的日常生活之道，當然若能配以適量的笑話就更好。因此，仍然要求作嚴謹釋經的講道已屬難得，更遑論在講道中要有神學了。信徒一般會將講道和神學二分，認為講道關乎的是靈性生命實踐的教導，實用性較高，亦普遍備受教會的重視；卻以為神學關注的只是抽象理性的形而上思考，屬於學術研究的範圍，理論性較強，看不到直接的實用性，於是常被信徒束之高閣。

也許信徒的確對講道存有不少誤解，以為講道只涉及釋經的工夫，而忽視教義神學（或系統神學）在講道中扮演的角色。神學家巴特（Karl Barth）很能指出神學與講道的重要關係，他認為神學其中一個任務就是反省及批判教會的宣講。在其《福音的神學》（*Evangelical Theology*）一書中，便將神學與講道之間那種動態的相互關係具體地闡明出來：「教會在其對上帝話語的**宣講**上，在其對**聖經**見證的解釋上，以及甚至在其本身的信仰上都可能會誤陷迷津。這樣，它不但無助於世，反之，可能因其半錯或全錯的理解，因其迷惘偏斜的思想，因其愚蠢或過度艱深難解的言論而妨礙了上帝在這世界的作為。教會團契必須每天禱告，祈求不要發生這樣的事情，然而它也必須盡其最忠實的工作本分以達成此一目標。這工作就是**神學**的工作。」[1] 巴特這段說話，指出了在教會內做神學是每一個信徒應盡的本分，每一位神學家、傳道人及信徒做神學就等於事奉上帝的話語。如果聖經是上帝之道的「見證」，則我們首先就要在聆聽（或祈禱）中領受及詮釋上帝透過聖經要講的話，同時亦要對我們的領受及詮釋時刻作出批判，並將所領受及詮釋的道宣講出來，而神學就是在這種聆聽－批判－宣講上帝的道的過程中發生的。如此說來，真正忠心事奉上帝的道的傳道者及信徒，就不可能不神學地聆聽及詮釋聖經，亦不可能不神學地講道了。當然巴特亦帶出了講道、釋經和教義神學三者之間那不可分割的關係。

鄧瑞強博士是我的同事，我們同在神學院裏教授教義神學，他對哲學和神學有深入的認識和研究，而且學識廣博。除了專精教義學之外，瑞強兄亦非常看重宣講的職事，他不但喜歡講道而且實在講得好，聖經中的上帝故事，由他娓娓道來，聽者非常享受，當然亦得益不淺。得知他會將部分講章整理出版，肯定是讀者之福。更難得的是，市面比較多的講道集是由聖經學者撰寫的，這本卻不同，不但有嚴謹的釋經，他的神哲學思想，亦已經融入整篇講章之中，因此讀瑞強兄的講章，猶如讀他的神學作品，裏面每篇講章，正是神學釋經的優秀示範，同時亦見證了筆者在上文所談論的，講道、釋經和教義神學三者之間那不可分割的關係。

趙崇明

二〇一六年六月十三日

註釋：

1 巴特著，龔書森譯：《福音的神學——導論》(台南：東南亞神學院協會，1975)，頁 36。粗體字為筆者所強調。

自序

這小書裏的文章，原本都是講章，是在崇基禮拜堂宣道時用過的。好的講章，應結合學術性的釋經、通透的神學見識、對神的心的感應、對會友的心靈需要的捕捉、靈性的深度、對文史哲的一般理解、對社會事件和思潮的回應、對人生的體會、邏輯性的思考結構、流暢的文字、發人深省的例子等。宣講時，還要加上演講藝術的各種元素。簡言之，講章應是學術及靈性及藝術的結合體。如此說來，好的講員與好的講章真是不可多得。我萬不敢說自己的講章寫得好，但在預備講章時，總考慮到上述元素。講的時候，總懷著謹慎恐懼的心，因為從神學而言，講道多少是代神發言，將聖經的道變成活的聖言。

這些講章曾在不同媒體上發表過，在網絡世界裏也流通甚廣。在網上隨意搜索一下，很容易便會發現這些講章在不同地方留下的痕迹。曾有姊妹跟我說，在某教會裏聽到和我的講章一模一樣的講道。這些報告，時有所聞。對於這些事情，我一向淡然處之。就我來說，講章橫豎都已寫了出來，心血已花了，多幾位牧者拿來用，或多幾間教會將之放在自己的網頁中，反增講章的效益。若因此而對信徒有幫助，我的內心更是感恩不已。惟各友好牧者及教會引用我的講章時，甚少加上我的名字。現在這些講章出版了，為免有人誤會我抄了別人的東西，我在此聲明，這小書裏的文章，全是本人原創的。

為了方便讀者閱讀，這些講章都經過適度修改，將之變成一般文章。惟講章與文章，總有一點不同。寫講章，有時有點似寫戲劇。讀過戲劇作品的人都知道，作品中有很多對白，一句一句的。若要將這一句一句的文字連起來而成為一整篇論説文，有時會顯得怪怪的、前句與後句好像不太銜接似的。本書文章雖然經過編輯整理，但從講章變成文章，仍難免在轉變中留下沙石。當然，這是我的文字功力不足所致，責任是屬於我的。

本書從不同向度討論信仰的嚴肅性。在這個自我高張的年代，本書高舉神為絕對價值。在這個嬉戲玩要的年代，本書提示神對我們的嚴肅要求。在這個消費主義的年代，本書拒絕將信仰約化為消費品。在這個講求金錢與成功的年代，本書指出神聖的偉大、十架的莊嚴。在這個輕視信仰價值的年代，本書強調信仰對人生的承托力。簡言之，在這個世俗的年代，本書力圖掙開世俗的枷鎖，教人抬頭看見那湛藍的晴空。

這些講章寫作的日子，離開現在約有十年了。十年人事幾番新。現在再讀這些講章，總有很多不滿意的地方。畢竟，社會變了，人長大了。若現在再寫這些講章的話，肯定好多了。現在將之出版，畢竟是基道的好意，讓我的講道服事留下足迹。中文的講道集實在不多，希望本書在這方面有所貢獻。

本書很多文章，曾在《基督教週報》中刊登，這些文章的版權屬於香港華人基督教聯會所有，現承蒙允許使用，特此致謝。

多謝基道眾編輯同工的勞苦和努力，使本書得以出版。

最後，感謝崇基禮拜堂前校牧伍渭文牧師及香港神學院院長褚永華牧師。伍渭文牧師的講道，文質彬彬，是他教我講道的大法。褚永華牧師的講道，感人至深，總在人性深處築起信仰的大廈。從他們身上，我學曉「道」與「人」的結合。

願榮耀歸於上主。

鄧瑞強

二〇一六年六月

1

充滿將來的現在——

改變生命的等待

馬可福音十三章24至37節

「將臨期」(Advent)是預備我們的心，迎接聖誕節，並期待主耶穌再來的日子。在人生中，有甚麼期待，比期待一位神更重要？

我很喜歡教會在將臨期的一個傳統，就是點起將臨期的蠟燭，一個禮拜燃點一枝，四個禮拜燃點四枝，然後聖誕節便到了。這樣很能夠代表人對光明的期望，而主耶穌的到來，就是光明的來到。誰的生命沒有幽暗？誰不需要光明？

兩種不同的期待態度

期待將來的事，可以有兩種不同的期待態度。

中國人有句成語，叫「守株待兔」，這是第一種期待的態度。呆在一棵樹下，等待兔仔撞過來。這一種期待，其實是一種呆等，等時間過去。這樣等待的人，不會因為等待而生命改變。

另一種期待很不同。啟示錄提到，教會羣體像新娘子等候丈夫般，等候基督。這是一種很不同的期待。試想想你下個月結婚，情況會如何？你會呆等嗎？不會的。你會“keep fit”。女士會做“facial”、會試婚紗。你會拍結婚照。你會訂酒席。你會聯絡朋友。你會做很多安排。

彷彿，一件將來的事滲透著現在。彷彿，現在充滿著將來。我們不會呆呆地讓現在一刻一刻的溜走。我們會讓將來介入現在，引導現在，使現在充盈著超出現在而屬乎將來的希望。懷著這種期待的人，整個生命會因這期待而改變。

伍渭文牧師曾跟我說，將臨期第一個主日，常用的講道題目是：“The beginning of the end”（「終局的開始」）。但若我們對一個即將結婚的人說，“You are now at the beginning of the end”（「你正處於終局的開始」），好像不太好。若對他說，“You are living a now of future”（「你正活在一充滿將來的現在中」），是否更能表達他的心情？

兩種態度，我們抱著哪種期待態度，去迎接主的降臨？

信仰，對我們而言，是否只是等上天堂？抑或，信仰改變著我們現在的整個存在？

經文的一點背景

經文馬可福音十三章24至37節，其實是主耶穌回答門徒之前提問的兩個問題。在馬可福音十三章2節，主耶穌講到耶路撒冷的聖殿即將被毀。隨即，在十三章4節裏，門徒問了兩個問題：(1)「請告訴我們，甚麼時候有這些事呢？」(2)「這一切事將成的時候有甚麼預兆呢？」

第一個問題，涉及歷史的當下；第二個問題，涉及終極的將來。這兩個問題在馬太福音裏，分開得清楚一點。如今，在馬可福音裏，兩個問題像連在一起。想深一層，這兩個問題又怎能分得開？你現在如何生活，與你期待甚麼，互相影響。你現在的生活態度，影響你期待的內容。例如：若你現在很喜歡吃東西，你就會期望發現新的、更好吃的東西。而你期待甚麼，又會影響你現在的生活態度。例如：若你期望更多貧窮人能得到飽足，你現在的生活態度一定很不同。

你是否期待主耶穌的降臨？這種期待如何改變你現在的生命？

揭示更真實的景象

面對「聖殿幾時被毀」這個問題，在馬可福音十三章 24 至 31 節裏，主耶穌作出這樣的回答。

主說：「在那些日子，那災難以後，日頭要變黑了，月亮也不放光，眾星要從天上墜落，天勢都要震動。那時，他們要看見人子有大能力、大榮耀，駕雲降臨。」

主耶穌引用了舊約但以理書七章的經文，這些經文採用了天啟文學（apocalyptic literature）的手法來表達。天啟文學的手法，是向人呈示一幅宇宙性的圖畫，叫人注意現世事件背後的永恆意義。「日頭要變黑了，月亮也不放光，眾星要從天上墜落，天勢都要震動。」透過描述天文現象的變動，要表達現世秩序的瓦解。現世秩序瓦解了，才能看清楚宇宙人生最後的真相。經文說：「我們要看見人子有大能力、大榮耀，駕雲降臨。」宇宙的真相就是：宇宙間真正的主，就是主耶穌，祂即將來臨。

「聖殿」代表安全、穩妥的現世秩序。對甚麼事物能令自己安全，每個人都有一種看法，有一種執著。有些人渴慕感情的慰藉，有些人有錢才感到安全，有些人千方百計要得到成功。這些都是人賴以獲得安全的、人造的「聖殿」。主耶穌回答的重點，不是聖殿何時被毀，而是指出只有當人賴以獲得安全的「聖殿」被毀之後，人才能看見人生的真貌。

你是否有一些看法或執著，阻礙你看到人生的真相？

二〇〇五年十二月，世界貿易組織於香港舉行部長級會議，當時香港政府大力宣傳自由經濟的好處。我們需要一個良好的經濟環境，但問題是，這是否必須透過國際間的所謂「自由貿易」的方式去達成？自由貿易意味著無限制的競爭，當強者的經濟環境愈來愈好時，是否因此有弱者會失去賴以生存下去的經濟環境？

在之前的世界貿易組織會議期間，有南韓的農民自焚抗議。當他自焚時，正是「日頭要變黑了，月亮也不放光，眾星要從天上墜落，天勢都要震動」的時刻。他犧牲生命，為要抗議人們習以為常的一些看法。他要開啟我們的眼睛，使我們看到弱勢國家貧窮者的真貌。當我們追求經濟繁榮時，會否忽略有人付出了沉重的代價？

在喜馬拉雅山山腳，有一個小國不丹。國家的政策不是追求 GNP（Gross National Product，國民生產總值），而是重視 GNH（Gross National Happiness，國民幸福總值）。不追求高科技的生活，而是強調人與人、人與自然的和諧。他們實踐經濟學家修馬克（E. F. Schumacher）「佛教經濟學」的理想。這經濟學者表示：「物質主義者主要關切的是物品（goods），而佛教徒關心的則是解脫（liberation）。……解脫的阻礙不是財富本身，而是對財富的執著；不是因為享受美好事物，而是在於對美好事物無休止的渴望。」（參修馬克：《小即是美》〔新北：立緒文化，2000〕，第 4 章。本人對譯文作了少許改動。）

的確，當我們注目於經濟上的"goods"（物品）的時候，我們是否忘記了甚麼是"good"（美善）呢？

打破了現世秩序的執著，才能看見主在雲中降臨。

宇宙人生的真相是：惟有耶穌是主，祂即將來臨。這個真相不是當下可以「包起來，裝入袋」裏的，而是需要我們去等待的。

我們的生命，就是在等待這真相的最終實現。我們等待主的再來。

問題是：我們抱甚麼態度去等待呢？換句話說，我們在迎接主再來的這段期間，我們是如何生活的？

警醒：各人作當作的工

抱甚麼態度去迎接一位將要來的主，這是主耶穌第二段經文要討論的。

關乎「終極的將來」，主如此說：「但那日子，那時辰，沒有人知道，連天上的使者也不知道，子也不知

道，惟有父知道。你們要謹慎，警醒祈禱，因為你們不曉得那日期幾時來到。」（可十三 32～33）

之前講「聖殿被毀」時，主說：「近了，正在門口了。這世代還沒有過去，這些事都要成就」（可十三 29～30）。講一件近乎當下的事。如今，講的是一件不知何時實現的、將來的事。這標誌著經文到了一個新的段落。

「終極的將來」何時到來，主說不知道。我們現在在期待的光景中。以甚麼態度去期待，正是關鍵所在。

主耶穌講了一個簡單的比喻，講出我們在期待中的生命光景。主說：「這事正如一個人離開本家，寄居外邦，把權柄交給僕人，分派各人當做的工，又吩咐看門的警醒。」（可十三 34）

這是一個主人缺席，僕人自行處理生命的時間。

這是一個「無王管」的時間。「無王管」是人生最大的考驗時刻。你試過「無王管」沒有？

試想像一下：在大學入學試裏，監考人員全部離場，而考生又是互相認識的，情況會怎麼？有同學作弊了，你會怎樣？

這是人生最大的考驗時刻。你會隨波逐流，抑或堅守自己的崗位，盡上自己的責任？

很多人在「無王管」的時候便會放任，沉醉在當下的快樂中，日子有一天過一天。

我們等待主再來，會否也是在這種放任中等待？若是的話，主的再來並沒有成為一種改變我們現在的將來。若這也算是一種等待的話，這是一種「守株待兔」的等，「主的再來」並沒有滲入我們的現在中，使現在變成一種要向將來負責任的生命。

主耶穌的比喻提醒我們，在「無王管」的時間，各人更當警醒。警醒是甚麼？就是各人作當作的工。將等待主人回來的想法，變成現在的努力。主人再來，不是與現在無關的。關於主人再來的想法，滲透在警醒的僕人現在的生活中，激勵著他們，更努力承擔現在的責任。

神學家莫特曼（Jürgen Moltmann）提出「盼望神學」，指出真正的盼望，不因現在的苦難使信仰神成為不可接受的事；反因信仰神，並相信祂所應許的將來，使現實的苦難成為不可接受的事。當然，面對不可接受的事，懷著盼望的人就要起來對抗。

若宇宙人生的終極真實是主再來，那麼現實的不公義和苦難，就不是終極的了。對抗現實的種種不公義，就變成盼望主再來的人的存在方式。等待主再來，就不是「守株待兔」地等，而是將那盼望著的將來，化成抗拒現實不義的動力和勇氣。這種現在，滲透著將來的力量。這就是主耶穌所說的「警醒」。

關於要來卻不知何時會來的事，在我們生活的世界裏有一件。專家說：禽流感或各等疫症一定會來的。若來了，按不同的估計，全球可能會死幾千萬人。

禽流感或各等疫症讓我們知道，我們全人類活在同一天空下。我們如何生活，其實與其他人息息相關。面對這件即將來臨的事件，我們以甚麼態度面對？

是否加倍儲備「特敏福」(Tamiflu)？

是否趁機大發末世財？趁機及時行樂？

抑或，面對這件即將來臨的事件，我們重整現在生活的態度，使之變成一種面向主耶穌再來的「警醒」？

在香港之前的「沙士」(SARS)經驗中，我們看到真正能令我們度過難關的，不是個人或社會有多少財富，而是一些基本的美德。醫護人員不計較生死而緊守崗位。人與人互相幫助、彼此相顧。是人間的溫情，人真情的付出，讓社會走出困境。

因著「沙士」的經驗，面對將來可能出現的各等疫症，我們是否會積極改變整個生命？不再計較自己賺取多少，能享受多少，而是裝備自己，去承擔在社會上的責任，努力促進羣體間的感情，以致能幫助不幸者度過艱難？

若面對各等疫症，我們的生命都有所準備，有所改變的話，則面對主的再來，我們當有何改變？

主耶穌提醒我們，在這等待的時刻，各人當做自己的工。對你而言，這「當做的工」是甚麼？

結語

哥林多前書一章7節說：「你們在恩賜上沒有一樣不及人的，等候我們的主耶穌基督顯現。」

等候主，不是守株待兔地等，而是因為要迎接主的來臨，整個生命都因這種等候而改變。這種改變，就是我們努力善用恩賜。恩賜總是用來服務他人的。

願主再來的盼望，充滿我們現在的生活，推動我們努力服務他人。

（按：本文原是筆者於二〇〇五年十一月二十七日在香港中文大學崇基禮拜堂宣講的講章，時為將臨期第一主日。）

2

劃破伯利恆黑夜的大光——

迎接新的王者

馬太福音二章1至12、16節；路加福音二章1、4至17節

平安夜，是迎接主耶穌來臨的時刻。

平安夜，給人一種浪漫而寧靜的感覺。最好是在家中，點起幾枝燭光，播一些溫馨的音樂，三五知己圍著暖爐，飲杯啤酒，或者高級一點飲杯紅酒，分享一些令人開心的、感恩的事。

平安夜溫馨的聯想容易使我們忘記，主耶穌到來時對我們生命所引起的震盪。主耶穌的到來，不像一杯醇厚的紅酒，而是像要煉淨一切渣滓的烈火。不像溫柔的黑夜，而是像黑夜中一道刺眼的大光。

若主耶穌來到我們生命中，我們真的感到平安嗎？

若主耶穌的目光審視我們的生命，主耶穌口中的說話，我們要聆聽，主耶穌的腳步，我們要跟從，我們真的感到平安嗎？

俄國大文豪陀思妥耶夫斯基在一本巨著《卡拉馬佐夫兄弟》(*The Brothers Karamazov*)裏，嘗試以文學想像的手法討論這個問題：我們真的歡迎主耶穌到來嗎？

在這本文學巨著裏，作者想像主耶穌再次來到這個世界，祂要將生命的自由帶給人。但是大主教即刻派人抓住祂，將祂下在監獄。在監獄中，大主教單獨和主耶穌有一段冗長的談話。大主教向主耶穌指出：祢知不知道羣眾要甚麼？他們說：「你們儘管奴役我們吧，只要給我們麵包。」

大主教對主耶穌說，只要我們給他們麵包，他們便心甘情願地順服我們。我們給羣眾麵包，其實也幫助羣眾解決他們生命中一個永恆問題，就是「該崇拜誰」的問題。只要我們給他們麵包，他們即刻跟隨我們，崇拜我們。要他們放棄麵包，運用心靈的自由去尋索永恆的上帝，他們是受不了這自由的壓力的。

大主教對主耶穌說：祢拒絕將石頭變成麵包，要人獲得自由，這只會使羣眾紛亂和痛苦。何必呢？

大主教最後對主耶穌說：只要我向順服的羣眾一揮手，明天他們便要燒死祢。

主耶穌第一次來到人間時，人們並不歡迎祂。故此，若主耶穌再來人間，人們並不歡迎他，我們並不會感到奇怪。

問題是：我們歡迎主耶穌的到來嗎？

馬太福音二章 1 至 12、16 節是一段有關主耶穌降生的記載。

> 當希律王的時候，耶穌生在猶太的伯利恒。有幾個博士從東方來到耶路撒冷，說：「那生下來作猶太人之王的在哪裏？我們在東方看見他的星，特來拜他。」希律王聽見了，就心裏不安；耶路撒冷合城的人也都不安。他就召齊了祭司長和民間的文士，問他們說：「基督當生在何處？」他們回答說：「在猶太的伯利恒。因為有先知記著，說：
>
> 猶大地的伯利恒啊，
>
> 你在猶大諸城中並不是最小的；

因為將來有一位君王要從你那裏出來，
牧養我以色列民。」

當下，希律暗暗地召了博士來，細問那星是甚麼時候出現的，就差他們往伯利恒去，說：「你們去仔細尋訪那小孩子，尋到了，就來報信，我也好去拜他。」他們聽見王的話就去了。在東方所看見的那星忽然在他們前頭行，直行到小孩子的地方，就在上頭停住了。他們看見那星，就大大地歡喜；進了房子，看見小孩子和他母親馬利亞，就俯伏拜那小孩子，揭開寶盒，拿黃金、乳香、沒藥為禮物獻給他。博士因為在夢中被主指示不要回去見希律，就從別的路回本地去了。……

希律見自己被博士愚弄，就大大發怒，差人將伯利恒城裏並四境所有的男孩，照著他向博士仔細查問的時候，凡兩歲以裏的，都殺盡了。

馬太福音強調主耶穌為我們生命的君王。馬太福音的聖誕故事，不離「君王」這主題。主耶穌的到來，引起了王權的爭奪戰，聖誕故事變成了「王者爭霸戰」。

希律王代表惟我獨尊的王權，他聽到有另一個王者的誕生，就「心裏不安」（太二3）。當時的知識分子、宗教權威看來都站在希律王這一邊，他們並不了解神聖，他們與希律王一樣，眼光盯緊現實，要固定現有的一切。希律王祕密地謀算如何掌控大局，當他發現奸計不得逞的時候，就「大大發怒」（16節），殺盡一切兩歲以下的無辜小孩，以保證自己的王權不會動搖。寧願犧牲無辜的他人，也要保住自己的利益。

當主耶穌要進入我們生命中掌權時，我們會「心裏不安」、「大大發怒」嗎？這涉及生命主權的改變？

這不是一件讓我們安心的事情。

一九九七年，香港經歷過主權的改變，主權要回歸祖國，祖國原是香港這片土地的主權真正擁有者，但是，很多香港人心裏不安、憂慮，能走的都走。若一個城市的主權改變，我們也會如此憂慮，那麼，我們生命的主權改變，我們能不憂慮嗎？

你可能會說，情況很不同，主耶穌又公義又慈愛，在祂的主權下，並不會令人憂慮。若這講法屬實，則每個基督徒都應該散發著無與倫比的平安和喜樂。事實又是不是這樣呢？

我聽過一個人這樣說：「要我信耶穌，可以，但千萬不要叫我改這樣、改那樣。」他願意相信有主耶穌這個人，但不願意主權移交給祂。他願意相信有主耶穌這個人，但一切仍要依他自己的喜好而行。他見過那道劃破伯利恆夜空的大光，但他眷戀著自己的黑暗。對這樣的一個人，平安夜毫不平安，只是再上演一場希律王演活的「王者爭霸戰」。

誰是主？

現代人說：我是主。

美國《時代周刊》（*Time*）每年都選全球風雲人物，有一年，雜誌封面的大字寫著："You"（「你」），下面寫著："Yes, You. You control the Information Age. Welcome to your world."（「對，是你。你掌控這個資訊時代。歡迎來到你的世界。」）

我們進入「網絡 2.0」（Web 2.0）的時代，在網絡世界裏，不再是由別人發放消息，我們去閱讀，而是每個人都在發放消息，每個人都按自己的觀點去評論。若主耶穌來到這個「網絡 2.0」的時代，我想，祂還未開口說祂是誰時，已經有無數人按自己的觀點去評說祂是誰了。當主耶穌還未開口講真理時，已經有無數人教導祂真理應該是甚麼了。當主耶穌還未開口傳講福音時，已經有無數人告訴祂，福音應該是甚麼樣子的了。當主耶穌還未開口教導道德時，已經有無數人向祂表明，我們認為這樣是對的，請贊同我們、欣賞我們。

對著名車、珠寶，我們會對主耶穌說，我們不贊成奢侈，但擁有這些，算是人人夢寐以求的福氣。香港曾有調查發現，十至二十歲的邊緣少女有半數在十六歲前已有婚前性行為。我們會對主耶穌說，我們不贊成濫交，但誰能否認，我們大部分人都追求及時行樂？香港股市暴升時，很多人不用工作，單憑買賣股票便發達，我們會對主耶穌說，能及早買入升勢強勁的股票便好了？能在股票中賺大錢的人，我們不就認為他們是最醒目、最成功的人？

主耶穌望著祂要走過去的十字架，還能說甚麼呢？

在《卡拉馬佐夫兄弟》這部小說裏，耶穌只能黯然離開。

誰是王？那生下來作世人的王的，在哪裏？

我們生命的王權交了給誰？我們明白平安夜的故事嗎？

我們信主耶穌，但我們會按主耶穌的真理改變我們的生命嗎？

對希律王而言，平安夜毫不平安。但對毫無機心的貧窮人而言，平安夜又是另一幅圖畫。路加福音是貧窮人的福音，這福音書描繪一幅貧窮人得蒙恩典的圖畫。路加福音二章1、4～17節是另一段有關主耶穌降生的記載。

> 當那些日子，凱撒奧古斯都有旨意下來，叫天下人民都報名上冊。……約瑟也從加利利的拿撒勒城上猶太去，到了大衛的城，名叫伯利恆，因他本是大衛一族一家的人，要和他所聘之妻馬利亞一同報名上冊。那時馬利亞的身孕已經重了。他們在那裏的時候，馬利亞的產期到了，就生了頭胎的兒子，用布包起來，放在馬槽

裏，因為客店裏沒有地方。

在伯利恆之野地裏有牧羊的人，夜間按著更次看守羊羣。有主的使者站在他們旁邊，主的榮光四面照著他們；牧羊的人就甚懼怕。那天使對他們說：「不要懼怕！我報給你們大喜的信息，是關乎萬民的；因今天在大衛的城裏，為你們生了救主，就是主基督。你們要看見一個嬰孩，包著布，臥在馬槽裏，那就是記號了。」忽然，有一大隊天兵同那天使讚美神說：

在至高之處榮耀歸與神！

在地上平安歸與他所喜悅的人〔有古卷：喜悅歸與人〕！

眾天使離開他們，升天去了。牧羊的人彼此說：「我們往伯利恆去，看看所成的事，就是主所指示我們的。」他們急忙去了，就尋見馬利亞和約瑟，又有那嬰孩臥在馬槽裏；既然看見，就把天使論這孩子的話傳開了。

約瑟和馬利亞遠赴伯利恆，是因為要「報名上冊」，這當然和取「身分證」有關。有了身孕還要這樣做，這也和政府的政策不善有關。這對夫婦沒有錢，有錢便不用在馬槽生孩子，弄得如此狼狽不堪。

畫面的另一面，是夜間看羊的牧羊人，是野地上的看更，不知他們的月薪能否達到最低工資。就在這個平安夜晚上，貧窮的人探望貧窮的人。沒有黃金、乳香、沒藥可以送上，只送上對小孩子的祝福，期盼祂將來長大，能榮耀神，能將平安帶給人。沒有歧視、沒有競爭。只有關懷、只有祝福。可能由於他們根本一無所有，也就沒有為了甚麼而要拼得你死我活。他們探訪這個嬰孩，不是要除滅祂，只是帶來一種慰問、一聲祝福。

今夜，照耀伯利恆夜空的大光也照著我們。我們抗拒這光明，抑或我們按這光明的指引而去？我們是希律王，抑或是野地的看更？

（按：本文原是筆者於二○○六年十二月二十四日晚上在香港中文大學崇基禮拜堂宣講的講章，時為平安夜。）

3

讓基督綻開你的生命——
甘於真誠活著

路加福音二章22至35節

在西方教會，一月六日是主顯節（Epiphany）。西方教會以這日去記念東方的哲人向嬰孩耶穌獻上禮物，代表原先不認識神的外邦人承認耶穌為王，並向世界揭露耶穌為救主。

東正教會（Orthodox Church）卻以這日為他們的聖誕節，這是由於東西方教會採用不同的曆法所致。但細想之下，以主顯節為聖誕節，卻可以生發一種特殊的信仰含義。對東正教會而言，真正的「聖誕」，不單單在乎主基督的降生，更在乎信徒主動地讓主基督降生在自己的生命中。對他們而言，惟當信徒像東方的哲人般，向基督獻上禮物，承認耶穌為王，並向他人宣稱耶穌為救主時，他們才算是慶祝聖誕節，才算是真正進入聖誕節中。

相比之下，西方教會強調客觀的事實，東正教會則強調事實對生命的轉化效果。面對一顆又香又甜的朱古力，西方教會傾向於分析使其又香又甜的成分，東正教會卻將之放入口中，在生命中體驗其香與甜。

對東正教會而言，真正的聖誕節發生於主耶穌在信徒生命中被彰顯出來之時。

現代人習慣講求「自我實現」。心理學家馬斯洛（Abraham H. Maslow）指出，人有不同層次的心理渴求。最高層次的心理渴求是「自我實現」。很少人會去追問，這個要實現的自我，到底是一個怎麼樣的自我呢？是資本主義下追求瘋狂消費的自我嗎？是人作為動物的獸性自我嗎？抑或像東正教徒所重視的，將生命的主權交給基督，若要實現生命的話，就是要實現在我們裏面的基督？

天主教的一個修會——耶穌會（The Jesuit Order），其靈修的座右銘是：「愈顯主榮」（"To the greater glory of God"）。我很喜歡這座右銘，很能夠突出基督徒生命的特質。一個基督徒，他的一生不是突顯自己的自我，而是要突顯在生命中的主耶穌。面對主耶穌，施洗約翰說：「他必興旺，我必衰微。」（約三30）就是這個意思。

在主顯節期間，我們要問自己一個重要問題：我們一生要實現甚麼？或者說：作為一個基督徒，我們要如何處理我們生命中的基督？要讓祂綻放出來，抑或我們自己的自我壓抑著祂，使祂萎縮？

要讓嬰孩耶穌成長嗎？

路加福音二章22至35節這段經文裏，有一對敬虔的父母、一位參透信仰與人生的智者，還有有待成長的嬰孩耶穌。

關於這對父母，毫無疑問，他們是敬虔的。經文說：「按摩西律法滿了潔淨的日子，他們帶著孩子上耶路撒冷去，要把他獻與主。正如主的律法上所記：『凡頭生的男子必稱聖歸主。』又要照主的律法上所說，或用一對斑鳩，或用兩隻雛鴿獻祭。」（路二22～24）

短短三節經文，充滿著遵守禮儀的字眼：「潔淨」、「獻」、「稱聖歸主」（祝聖禮）、「獻祭」。這對夫婦是循規蹈矩的人。

另一個人物西面，他在一個平凡的嬰孩身上，看到其不平凡的將來。他看到嬰孩耶穌的長大會對他人帶來挑戰，但也因此要經歷非常的艱難。

你若是嬰孩耶穌的父母，你會如何處置這個嬰孩呢？

聰明一世的蘇東坡，受盡聰明之苦，面對自己的孩子，作《洗兒詩》表達自己的感歎：「人皆養子望聰明，我被聰明誤一生。惟願孩兒愚且魯，無災無難到公卿。」

面對嬰孩耶穌，你渴望祂的發展如何？平平庸庸、無災無難地享受人間的清福？抑或，讓祂開展其美善卻又不斷挑戰人的生命，而最終走向人間最大的淒慘？

我們要將信仰生命維持在一個可操控的安全範圍裏？抑或讓信仰挑戰我們走出安全？

在計劃經濟體系裏，有所謂「鳥籠經濟」；對有些人而言，造一個「籠」限制某些東西發展，才是安全的。我們的信仰，到底又是不是一種「鳥籠信仰」？我們會否將「嬰孩耶穌」放在一鳥籠裏？為了我們自身追求的安樂，我們會否困住嬰孩耶穌，不讓祂成長？

嬰孩耶穌在我們的生命中

在輔導心理學裏，有一個學派叫「交互分析學派」（Transactional Analysis），講到每個人的人格結構都包含三個元素：父母式的自我、成人式的自我、孩童式的自我。

父母式的自我，按規矩辦事。成人式的自我，明白事理，按理性行事。孩童式的自我，保存著我們生命裏的童真，代表有待開發的生命力。

我不是直接引用這學說，而是覺得對這種講法作出一種調整之後，也可以用來描繪基督徒的人格結構。在這信仰人格中，也有三個元素：父母、成人、孩童。

在我們裏面的「孩童」，就是「嬰孩耶穌」。作為基督徒，我們的生命中都有基督。但這是「嬰孩」狀態的耶穌。祂能否成長，視乎我們是否讓祂成長。有些人我們一接觸，便會覺得他肖似基督，這是他裏面的嬰孩耶穌已長大成人之故。

在我們的信仰生命裏，也有一種父母式的信仰自我。這種父母式的自我，像約瑟和馬利亞一樣，是循規蹈矩的。這父母式的自我，按信仰的既定要求，駕馭著我們的信仰生命，如：禮拜日返教會崇拜，要行善，要有個人品德等等。這自我一般只渴望信仰生命是置於一種可掌握的規律中。一般而言，父母式的自我渴望嬰孩耶穌在這種安全的規律中成長。

但在我們裏面，也有一成人式的信仰自我，這自我像西面一樣，對信仰有一種更深刻的洞見。它明白到，嬰孩耶穌的成長意味著甚麼。它知道，信仰不能被限制在一種可預見的安樂裏。

在路加福音二章34至35節，西面對馬利亞說：「這孩子被立，是要叫以色列中許多人跌倒，許多人興起；又要作毀謗的話柄，叫許多人心裏的意念顯露出來；你自己的心也要被刀刺透。」若我們願意讓生命中的「嬰孩耶穌」成長，這就不單單是耶穌的命運，也將是我們的命運。

信徒生命中的「嬰孩耶穌」能否成長，視乎在信徒生命裏的父母式的自我，在聽取成人式的自我的提示後，如何抉擇了。

綻放基督的生命

西面的說話，指出「嬰孩耶穌」成長後的生命狀態。但我們也可以這樣理解，就是若我們願意進入這生命狀態中，我們裏面的「嬰孩耶穌」就會成長，並在我們的生命中綻放出來。我們是否甘願走進這生命狀態中？

(1)「叫以色列中許多人跌倒，許多人興起」。

這就是說，自己的生命對於他人而言構成挑戰。哲學家祈克果(Søren Kierkegaard)及海德格(Martin Heidegger)指出，人很容易失去自己，沉沒在羣眾中。在羣眾中，就是不再承擔起應盡的責任，變得無面目可言。這是一種無聲無息的生命。世俗潮流如何，你也如何，這生命不會構成對他人的挑戰。人云亦云的生命，不會「叫許多人跌倒，許多人興起」。這只是一個可有可無的生命。

當人人都按賺錢多寡去選擇修讀的學科及職業時，你卻跑到曾遭遇災難的地區協助重建，這對人就構成一種挑戰。

我認識一位公立醫院的高級醫生，他放下高薪厚祿，去做醫療宣教的工作，他的生命對我們構成挑戰。

(2)「作毀謗的話柄，叫許多人心裏的意念顯露出來」。

要「叫許多人心裏的意念顯露出來」，就要講真話，活得真。

安徒生(Hans Christian Andersen)最為人津津樂道的童話之一是《皇帝的新衣》。一個皇帝一絲不掛，卻以為穿了一件新衣，臣民們都奉承說：「這真是件漂亮的新衣！」最後，一個天真的小孩講出真相：皇帝其實甚麼也沒有穿。

前蘇聯作家庫茲納斯托夫(Anatoly Kuznetsov)，以作家能否指出「皇帝的新衣的虛假」為一評價標準，去判定前蘇聯作家是否算得上偉大。很多作家只寫一些永恆卻不涉及現實的主題，對當時的暴政沉默不言。他指出，甚至最偉大的前蘇聯作家索忍尼辛(Alexander Solzhenitsyn)也只揭露了前蘇聯政權裏令人慘不忍睹的細節，卻仍未觸及這政權本質：沒穿衣服的皇帝本身（參 http://minzhuzhongguo.org/FileData/140issue/140pl3.htm）。

在中國，晚年願意講幾句真話的巴金，已贏得多人的稱頌。在今日，一個充滿虛擬真實（virtual reality）的世界，要指出皇帝的新衣的虛假變得更難了。

當一個手袋的品牌比手袋本身更值錢、更重要時，我們還能說手袋本身才是真實的嗎？當教會可見的人數增長比教會對鄰舍的服務更為人讚許時，我們能說甚麼才是教會的真實使命嗎？

若有一位耶穌說，他要留在地上更多時間，以招聚更多門徒，使門徒的人數增長，不上十字架了，我們能指出這是虛假的耶穌嗎？

當信徒追求信仰的感動、信仰的滿足感，取代生命的轉化，我們能說這是一種虛假的信仰嗎？

我們追求的信仰真實，有多少只是一種虛擬真實呢？

(３)「叫親人的心被刀刺透」。

這就是說，因著信仰，敢於承擔起人生的艱難。這種艱難，連我們身邊的親人看見，都會心痛。

信仰不是社交中談論的一條教義，而是投入一新生命中。不是安逸的思考，而是艱苦的付出。不是哲學，而是十字架的路。哲學家祈克果說，信仰之事，就是一件我們為之而生、為之而死的事。

有一個這樣的故事：

在萬丈深谷的兩邊，連繫了一條鋼纜，一個特技人在鋼纜上踏一輛單輪車，來去自如。旁觀者皆大力鼓掌，發出歡呼。之後，這特技人背起一袋很重的沙包，再在鋼纜上踏單輪車，仍來去自如。旁觀者更大力鼓掌，發出更大的歡呼。這特技人然後問眾人：「你們信不信我能同樣背起一個人在鋼纜上踏單輪車？」眾人皆說：「信。」這特技人於是問眾人：「那麼，你們誰願意讓我背著呢？」

我們信耶穌嗎？我們信。

「凡要為大的，必先要作最小的，去服事人的。」我們信嗎？我們信。

「死在十架上，之後有復活。」我們信嗎？我們信。

那麼，你願意無怨無悔地背起你人生的十字架嗎？

結語

存在主義者很喜歡說，人的特質就是「存在」(existence)。而"existence"這個字是由"ex"及"sistere"這兩個字組合成的。"ex"是"out"而"sistere"是"stand"。故此，「存在」就是"stand out"，「站出來」的意思，或者說，是指我們生命裏的特質「綻放出來」的意思。問題是：在你生命裏綻放出來的，是無面目的、虛假的、貪圖安逸的你？抑或是挑戰人的、講真話的、甘於承擔責任的你？

若是後者，則是你讓嬰孩基督在你生命中長大，而基督的生命漸漸地在你生命中綻放出來。

這就是真正的主顯節，也就是聖誕節的意義了。

（按：本文原是筆者於二○○六年一月一日在香港中文大學崇基禮拜堂宣講的講章，時為主顯節前夕。本講章曾刊於《基督教週報》第 2160 至 2162 期，文章版權屬香港華人基督教聯會，承蒙允許使用。）

4

愛與永恆共舞——
真愛永恆

哥林多前書十三章1至8、13節

香港基督教服務處曾發表調查報告，說香港有約一萬八千名隱蔽青年，佔同齡人口百分之二。這些人欠缺社交能力，欠缺獨立生活能力，終日隱藏在自己的房間內，足不出戶。其中有些人，家人在家中活動時，他們隱藏在房間內，等到家人熟睡了，他們才出房門活動。

他們失去了與人溝通的興趣，也放棄被人關懷的機會。他們不敢去愛，也不敢被愛。為何如此？

大部分原因，是他們在家庭關係中找不到關懷，卻得到暴力對待；在人際關係中找不到友誼，卻找到同伴的欺凌。於是他們關閉房門，也關閉了心門；拒絕與人接觸，也拒絕了愛。

面對這些經驗，他們成了隱蔽青年。面對同樣的經驗，會不會也使我們在心靈中成為隱蔽的人呢？

在應該找到愛的地方，找不到愛，是令人失望的。就像在沙漠中遠遠看見有水，走近看，才發覺是海市蜃樓，根本沒有水，是令人失望的。

警務處曾有報告說，在香港，家庭暴力有上升的趨勢。「家庭暴力」這個詞，含有一種矛盾性。「家庭」應是愛的避難所，一個人在其他地方找不到愛，便回到家，在其中得到親情的庇護，如今，找不到愛，卻找到暴力。其實，有暴力的地方就不是「家庭」。所以，「家庭暴力」是一個矛盾的詞，卻表達了人生荒謬的一面。

在應該有愛的地方，卻找到恨，就是一種「家庭暴力」。這個人間，應該是天父的大家庭，人人被天父創造而為兄弟姊妹，但我們在其中是增加了親情，抑或製造了「家庭暴力」?

教會是「在聖靈中彼此相愛的羣體」，我們在其中，是活出了基督的愛，抑或製造了「家庭暴力」? 我們各自的家庭，是天父給我們的禮物，讓我們在其中經驗愛，我們有沒有製造了「家庭暴力」? 在應該有愛的地方，卻找到恨，就是一種「家庭暴力」。

教會除了是「在聖靈中彼此相愛的羣體」，也是「被父神揀選，特別歸屬祂的子民」。教會是「神的子民」，我們每個人都是神的子民羣體的一分子。

作為神的子民，我們並不比別人更幸運、更亨通、更富裕，我們卻是比別人多了一份人生的使命。

基督徒與非基督徒的分別，不是在於生活際遇上的分別，而是基督徒聆聽到天父的呼召，作出正面的回應，因而在人生中肩擔著一種使命。是這種使命的承擔，使基督徒與別不同。

這使命是在這充滿「家庭暴力」的世界，去除暴力，建立真正的家庭。在恨的地方，播種愛。在紛爭的地方，創造寬恕。

一本名為《她的見證》的紀念冊內，記述了一個早逝的女孩劉山的故事。這女孩是個雙目失明、身心有嚴重障礙的人。一出生就被遺棄，沒有被善待。一樁典型的「家庭暴力」事件。山媽媽收養了她，給她一個家庭，給她家庭的溫暖，給她愛。很多人圍繞著這個特別的家，編織起更多愛的故事，組成一個更大的家庭。這本紀念冊記載了這個「愛的大家庭」的故事。

他們在發生「家庭暴力」的地方去除暴力，創造了一個「真正的家庭」。這羣人的生活際遇與其他人沒有大的分別，卻是聆聽到一種屬天的呼召，在人生中完成了一種特殊的使命。這使命的承擔，留下了永恆的痕迹，記在這本紀念冊上，記在他們的靈魂深處，記在天父的心中。愛與永恆共舞！

若家庭都有暴力的話，則顯而易見，恨與愛相隨。若只有恨，我們會警惕。正如地上有個洞，我們會警惕，我們會繞路走過去。但若是浮沙，看起來不像個洞，則踏進去的機會大增。致命的，是包了糖衣的毒藥。

我們一生要學的，是努力將摻雜在愛中的恨剔除，使愛變成真愛，基督的愛。哥林多前書十三章的經文，給了我們很好的提示。

> 我若能說萬人的方言，並天使的話語，卻沒有愛，我就成了鳴的鑼，響的鈸一般。我若有先知講道之能，也明白各樣的奧祕，各樣的知識，而且有全備的信，叫我能夠移山，卻沒有愛，我就算不得甚

麼。我若將所有的賙濟窮人，又捨己身叫人焚燒，卻沒有愛，仍然與我無益。(林前十三1～3)

1至2節講到超凡的知識和能力。擁有超凡知識和能力的人，卻沒有愛，這是很可以理解的。畢竟，知識和能力，與愛不同。但3節講到的，是明顯的善行，甚至去到一地步，毫無保留，死而後已。這些舉動都可以是沒有愛的嗎？這些行動欠缺甚麼？愛是甚麼？

學者魯益師(或譯魯易斯)講過一件事：他認識一位女士，幾個月前去世了，令他好奇的是，這女士的家人個個變得開朗起來，連家中那條狗，都露出鮮有的微笑。這女士生前，是盡心盡性盡意盡力地服事家人的。每個鄰居都說：「她是為家人而活的。」她每日預備好午餐和晚餐，要求每個人都一起吃。當然，家人也曾流淚要求她改變一下菜色。她是裁縫專家，渴望家人穿她造的衣服。她死後，家人捐給教會的衣服，比整個教區的人加起來的還要多。這位女士每刻都在為家人操勞，並且也要求家人從旁協助。家人叫她不必這麼操勞，她理解為這是家人不欣賞，而為了激發他們欣賞，也讓他們內咎，她加倍努力做家務。於是，在她的安息禮拜上，真正感到安息的，是她的家人，還有她那條狗。（參魯易斯：《四種愛》〔新北：立緒文化，1998〕，頁 59～61。）

有一個人問靈修大師：「在靈修的路上，大師的作用是甚麼？」大師說：「大師的作用，就是讓你明白，不必大師，你也可以直接接近神。」

在人生中，愛的作用是甚麼？真正的愛，是讓被愛的人有一天不必依賴你，能自立，能自由地去愛別人。

魯益師講的那位女士，她做錯了甚麼？聖經說：「我若將所有的賙濟窮人，又捨己身叫人焚燒，卻沒有愛，仍然與我無益。」

在《她的見證》紀念冊裏，有一位詩人寫了一首歌《給媽媽的搖籃曲》，借這位早逝的小女孩的口，向山媽媽講出這句話：「我知道我走後，你會很想我，但是夜深了，好媽媽你睡吧。」搖籃裏的女孩，變成搖籃者；蒙愛的人，變成施愛者。這位施愛者不是將別人的目光轉到自己身上，她渴望身邊的人有力量走向遠方，她渴望身邊的人因著她的愛而獲得平安。女孩說：「我知道我走後，你會很想我，但是夜深了，好媽媽你睡吧。」

哥林多前書十三章第二段經文是這樣的：

> 愛是恆久忍耐，又有恩慈；愛是不嫉妒；愛是不自誇，不張狂，不做害羞的事，不求自己的益處，不輕易發怒，不計算人的惡，不喜歡不義，只喜歡真理；凡事包容，凡事相信，凡事盼望，凡事忍耐。（4～7節）

這些用字每個都飽含深意，但我想指出的是，這段經文裏有很多個「不」字。沒有這一連串的「不」字，愛會走向任意妄為，造成傷害。

我們可以想像這樣的一個情境：在一個夜闌人靜的晚上，在破廟內，一男一女，前面燒著些乾柴烈火，男對女說：「我愛你。」女對男說：「我也愛你。」男對女說：「既然我們彼此相愛，那麼，我們便可以……」這時，女的應說甚麼呢？「不！」

太多人，假「愛」之名，任意妄為。太多人以為只要有愛，就可以使自己的行為變得合理。在哥林多前書的經文裏，伴隨著愛的，是很多個「不」字。

有些父母認為自己愛兒女，便可對他們任意妄為，甚至將他們困在一個籠內。有些情侶，因愛之名，不再理朋友，我們稱之為「重色輕友」。有人說：只顧愛情而不顧一切的人，不值得羨慕，因為很快，他們將不顧一切地不顧愛情。有些人拋棄舊愛，放棄家庭，遺棄兒女。為甚麼？他們說，他們如今找到一個真愛。他們因愛之名，不顧一切責任和道義。有時，盲目地愛自己的民族，會造成屠殺異族的後果。

「愛」本身不是神。不能假借愛的名義，任意妄為。這種所謂愛的背後，只是一種自利或自義。神是愛，但愛不是神。我們要以神為最高價值，卻不能盲目地將愛視為最高價值，除非，這愛已在基督裏被淨化，成為基督的愛。

這種愛，有捨己的精神，卻從不求自己的益處。關懷對方，卻從不捆綁對方。在這種愛中，被愛的人會變得更自由、更自立、更有愛的力量、更能愛其他人。

在《她的見證》裏，山媽媽留下一段簡樸的文字，是這樣的：

> 十年前，我看到「珊」是一見鍾情愛上了她。我看到她病的時候，不忍她失去生命，那時聖靈感動了我，讓我從那時起和她的生命連結起來。四月在醫院陪著山養病的日子，因她還有氣息，她還在我身旁。我累，但仍有著她。〔後來「山」離世了〕⋯⋯從來「山」是屬於父神的，一天要歸還父的手裏。

這種愛的關係，沒有功利的考慮，也不求回報。沒有想到自己可以得到甚麼，只想著對方可以得到甚麼，也不是要對方注目自己，而是讓被愛的人得到更大的自由。這種愛的關係的果子，就是人性的尊嚴。施愛者與被愛者的人性的尊嚴，一種彰顯基督生命的尊嚴。

教會作為基督的身體，就是領受著天父的差遣，在人間，讓人在愛中，重拾生命的尊嚴。

哥林多前書十三章第三段經文是這樣開始的：「愛是永不止息。」(8節)結尾是這樣的：「如今常存的有信，有望，有愛這三樣，其中最大的是愛。」(13節)

愛與永恆共舞！人生苦短，空空而來，空空而去，甚麼也帶不走，只有回憶記在心中。在回憶中令我們歡暢的，是那些愛的回憶。我們的家人、朋友、同事、弟兄姊妹彼此間相愛的片段。

有人說，天堂裏最寶貴的寶藏，就是各人的愛的回憶。愛的片段愈多，在天堂中愈富足。我們沒有甚麼東西留在世上，留下的，是在別人心中的回憶。別人記住的，是我們種種愛的行動。

有人說，試驗你是否真正愛一個人，就是看看你在天堂中是否高興地遇見他、愛他。在地上，因著人生的種種需要，我們需要不同的人的幫助。但需要滿足時，這些因需要而有的朋友或愛人，便不再是需要的了。惟有真正的愛，是永不止息的。在天堂，仍愛下去的。

雅歌有一句經文，常常在婚禮中誦讀，就是雅歌八章6節：「愛情如死之堅強。」死在人生中是最堅強的，無人能勝過它。只有一種力量與它匹敵，就是愛。

惟有活出真愛的人，能超越死亡的力量。活出真愛的人在死亡的力量下，沒有損失。死亡會奪去富人的財富，會奪去強人的精力，會奪去有權勢者的權勢，卻無法奪去施愛者的愛的行動。愛，在人生中留下永恆的痕迹。

在天堂，富人的錢無所用，因為天堂的地是用金鋪成的，金隨處都是。在天堂，有權勢者的權勢無所用，因為在天堂再沒有人因為要討生活而為他們賣命。在天堂，惟有去愛的人，天天與相愛的人在一起，享受生命的豐盛。

愛與永恆共舞！

（按：本文原是筆者於二〇〇七年一月二十八日在香港中文大學崇基禮拜堂宣講的講章，時為主顯期第四主日。）

5

樂於分享的豐盛——

放下自己，回歸上帝

約翰福音六章1至15節

有一個故事是這樣的：

有一個窮人，求問一位大師，問：「我何時能脱離貧窮之苦？」

大師回答説：「十年後。」

這個窮人很高興，便對大師説：「大師，十年後我真的會變得富有？」

大師回答説：「不是變得富有，而是十年後，你會變得習慣貧窮。」

這個故事初聽之時，覺得平平無奇，但想深一層，卻富有深意。

這裏顯示出兩種生命形態：一種認為快樂在於擺脱貧窮；另一種認為快樂在於如何處理貧窮。

成為富有，本身並不是壞事，但當「成為富有」變成生命的惟一目標時，我們便失去了甘願貧窮所帶來的豐盛。

很多香港人拼命賺錢，卻沒有時間陪伴家人；有些人在條件許可下，卻寧願賺少一點，多點陪伴家人。誰更富足？

在約翰福音六章1至15節裏，羣眾的渴望和耶穌的回應，成了很大的對比。我們看看羣眾的心態。六章2節說：「有許多人因為看見他在病人身上所行的神蹟，就跟隨他。」有一大羣人因著神蹟而跟隨耶穌。這是一種出於好奇而來的跟隨。神蹟原是一個記號（sign），指向神。但好奇就只是滿足自己的慾望，並沒有想到神。神蹟叫我們想到神，抑或叫我們更想到自己？

曾經有一個廣告是這樣的：一個人拿著一盒朱古力去探訪朋友，到達朋友家門，朋友一開門，見到那盒朱古力，很高興地取走該盒朱古力，然後便不自覺地關上門，留下朋友在門外。

神蹟原是神給我們的禮物。我們會否拿走禮物，去滿足自己，卻忘記送禮物的神呢？

在生命裏，領受種種恩典，我們是懷著感恩的心去領受，然後回到神那裏？抑或，我們在領受這一切之餘，更著眼於想得到更多，埋怨上天為何不賜我們更多？

神蹟、恩典、禮物，叫我們放下自己，回歸神，抑或更激起我們的慾望？

羣眾跟著耶穌，心中帶著很多期望而來。在這福音故事裏，「有東西吃」是一個重要的、也合乎人性的期望。在一個神蹟裏，羣眾得到食物。如今，他們不單好奇地跟著耶穌，還對耶穌產生期望，他們說：「這真是那要到世間來的先知」（約六 14）。

面對一位先知，他們要聆聽祂的教訓嗎？情況不是這樣，六章 15 節說：「眾人要來強逼他作王」。「強逼」這個詞，是指「抓住」、「用暴力去強制他人」。羣眾所用的，是暴力原則，而不是信仰原則。

食飯的問題，是羣眾每日都面對的。他們需要恆常地解決這問題。若抓住耶穌，逼祂作王，則食飯的問題便能長期解決。現在，看來不管耶穌願意不願意，他們的需要已經成為主導，要用耶穌來解決他們的問題。

賀佛爾(Eric Hoffer),一個碼頭工人,寫過一本關於羣眾運動的書,叫《羣眾運動聖經》(*The True Believer*;這英文書名相當有啟發性,對我們可以構成一個提問:「誰是基督的真信徒?」)。這書講到受壓抑的貧困者,若遇到具領袖性格的人物,而這些領袖人物又能給予他們變革的希望的話,則這羣人很容易爆發狂熱的羣眾運動。

「五餅二魚」這個故事的情景,滿足了產生狂熱的羣眾運動的基本條件。這裏有幾千人,情緒高漲。現在,只視乎耶穌的態度。若耶穌順著羣眾的渴望走,則會形成一種以滿足羣眾慾望為本的暴力運動。

羣眾打算用暴力逼使耶穌就範,他們要逼耶穌作王。

在這情景裏,誰是王?是耶穌?抑或是羣眾的暴力?

不是人人皆能抵抗羣眾的威逼的,羣眾會消滅與他們不同的人。

今天,我們是否是用暴力強制耶穌的人?

信仰是我們放下自己,面向神,抑或是我們逼令神去滿足我們各種需要?

我們見到很多家庭暴力的產生，父親以暴力逼令妻子與兒女滿足他們的想法；有失戀的人以自殺去威逼對方回到自己身邊，卻沒有打算改變自己，使自己成為一個值得愛的人；有些信徒強逼神使自己一帆風順。

在現今社會，羣眾最大的強制力，就是潛在於流行文化裏的資本主義精神。以最少的資源，獲得最大的回報。我們怎能脫離這種強制力？我們是否以此去強制他人？

香港書展曾經於禮拜六晚營業到深夜兩時。書商為這安排高興，因能用盡每分每秒去獲取營利；市民也為這安排高興，因能節省禮拜日去書展的時間，如此便能用盡禮拜日的時間去娛樂。我們暴力地對待時間、對待休息，將時間壓縮，為的是讓自己得到更大的利益。這種做法，與羣眾意圖暴力地強制耶穌作王的做法，有何不同？

面對羣眾的渴求，主耶穌又是如何對應的呢？「耶穌舉目看見許多人來，就對腓力說：『我們從哪裏買餅叫這些人吃呢？』（『他說這話是要試驗腓力；他自己原知道要怎樣行。』）」（約六 5～6）面對羣眾的渴求，祂考驗祂的門徒，看看門徒如何面對。

「腓力回答說：『就是二十兩銀子的餅〔按：二十兩銀子相當於當時八個月的人工〕，叫他們各人吃一點也是不夠的。』」（約六7）腓力只看到人的渴求的其中一面，看不到人的渴求的另一面。人有肉身需要，腓力的回答表明他看到這一點。但人會暴力地對待他人，甚至對待神，以滿足自己的慾望，關於這一點，腓力便看不到了。人心這方面的欲求，不是提供足夠的餅便可以解決的。

人性的兩方面欲求，主耶穌以兩種方式去回應。

> 有一個門徒，就是西門彼得的兄弟安得烈，對耶穌說：「在這裏有一個孩童，帶著五個大麥餅、兩條魚，只是分給這許多人還算甚麼呢？」耶穌說：「你們叫眾人坐下。」原來那地方的草多，眾人就坐下，數目約有五千。耶穌拿起餅來，祝謝了，就分給那坐著的人；分魚也是這樣，都隨著他們所要的。（約六8～11）

面對人肉身的需要，無私的分享便可以解決問題了。縱使這樣的分享在人看來是多麼微小和有限，但在神手中，微小的愛卻能成就大事。香港公益金的賣旗活動，就是集合很多人的微小的愛，去幫助有需要的人。

主耶穌滿足人肉身的基本需要，但是面對羣眾強逼祂作王這事，福音書六章15節說：「耶穌既知道眾人要來強逼他作王，就獨自又退到山上去了。」這個故事的結束，就是耶穌的退隱。

主耶穌藉著一個小孩子分享出來的五個餅和兩條魚，讓五千人吃飽；如今，祂以退隱去完成生命的真正分享、一種更深的分享。分餅分魚，是主耶穌對羣眾的需要的一種回應；退隱，是主耶穌面對人心的慾望的第二種回應。

面對羣眾暴力地強制他人滿足自己，耶穌的回應是退隱。

十字架，是神最大的退隱。在這裏，沒有大能，沒有神蹟，只有一種要求人改變生命的大愛。沒有神蹟吸引人，沒有神蹟滿足人，十字架只叫人放下滿足自己的渴求，放下暴力，彼此以愛相待。

真正的分享，不是要恆常地滿足人當下的要求，而是讓人反省：這要求恰當嗎？神的存在，不是要滿足人這樣那樣的欲求，而是讓生命不再以自我為中心，明白在捨棄中有豐盛，在非暴力中有平安。生命真正的飽足，不是恆常有餅可吃，不是恆常能以暴力得到想要得到的滿足，而是生命的改變，明白到愛比擁有更令人飽足。

耶穌的退隱，十字架的無能，呼喚人心改變。惟有這種生命的改變，人才能得享生命的豐盛。

我們祈求凡事順利，神沒有應允，看來神退隱了。

我們祈求別人向我們認錯，神沒有應允，看來神退隱了。

我們祈求有人愛我們，連這東西，神也沒有應允，看來神退隱了。

然而，神退隱，是否為要對抗我們的暴力？是否為要讓我們進入一種真正的豐盛生命裏？

若我們祈求，神應允了，我們當然會經歷生命的豐盛。

若我們祈求，神沒有應允，而我們依然信仰祂，並在信仰中對自己的欲求有更深的反省，又向著神糾正自己的人生，則我們將經歷生命更大的豐盛。

有一個故事是這樣的：有人在瀕臨死亡的光景中甦醒過來。之後，朋友問他：「你見到甚麼？」他說：「我見到一個凡事倒轉的世界。」朋友說：「那才是真實的世界。」

是的。不用暴力去獲得，才能真正得到。好像一無所有，才算是豐盛。在世界裏算是最後的，反而是在先的。

（按：本文原是筆者於二〇〇六年七月三十日在香港中文大學崇基禮拜堂宣講的講章，時為聖靈降臨期第八主日。本講章曾刊於《基督教週報》第 2196 至 2198 期，文章版權屬香港華人基督教聯會，承蒙允許使用。）

6

一場免費的盛宴——
禍與福的抉擇

箴言九章1至6、10、13至18節

關於免費的盛宴，我想起諾貝爾經濟學獎得主佛利民（Milton Friedman）。有一次，他在以色列國會作了一個有關經濟學的演講。演講後，一個國會議員問他：「曾經有一猶太拉比將全部猶太教的律法總結為一句話：『己所不欲，勿施於人』（“What is hateful to you, do not do to your neighbor”）。佛利民先生，請問：你能否將經濟學總結為一句話？」佛利民回答說：「可以。這句話就是：『天下間沒有免費午餐這回事』。」（參 Joseph Telushkin, *Jewish Wisdom*〔New York: William Morrow, 1994〕, 202。）

免費的盛宴背後，常常是要付上沉重的代價的。

人生像赴一場筵席，赴甚麼筵席，是可以選擇的。箴言將這個選擇表明出來。箴言九章 1 至 6、10、13 至 18 節，講到不同的筵席，我們特別留意中間的一句話（九 10），這是明智的選擇所需的態度。

經文用擬人法，將智慧和愚昧描寫成兩個女人，她們邀請我們進入兩種截然不同的生命筵席裏。箴言提到智慧和愚昧時，不是指智能上的高下，而是指道德上的、靈性上的高下。赴這兩個筵席，看來是免費的，但結局卻截然不同。這是一個關乎生死的抉擇。

兩個筵席，擺在我們面前。我們如何選擇？你可能會說：結局是生與死，分別這般明顯，如何選擇還用說嗎？

事實上，人心裏想的與他實際做的，是會不同的。

一個對香港中小學生的飲食習慣的調查，發現大部分學生都明白甚麼是健康食品，但在實際選擇時，他們卻選擇不健康的食品。記者問一個學生：「為何選擇煎炸的食物？」那學生答：「貪其可口。」在人生的筵席裏，怎能保證我們不會「貪其可口」而選擇赴死亡的筵席呢？

面對七大最不健康的食物：油炸的、醃製的、加工的、燒烤的、汽水、即食麵、雪糕，我們怎能抵擋它們的誘惑？

我們明知某些食物會危害健康，但我們依然毫不

猶疑地選擇它們。在選擇人生的筵席這件事上，我們的表現是否一樣？

在人生的路上，智慧的女人與愚昧的女人會爭著邀請你，赴她們的筵席。或者說，持守道德和靈性的生活方式，與敗壞道德和靈性的生活方式，同樣呼喚你進入它們的生活方式中。在箴言的描述裏，代表生命路的智慧婦人和代表死亡路的愚昧婦人，有強烈的對比。我們看看這對比。「智慧建造房屋，鑿成七根柱子」(九 1)，這是一種建設的行動，建造穩固的家。「宰殺牲畜，調和旨酒，設擺筵席」(2 節)，智慧的婦人預備好肉，預備好酒，預備好筵席的一切。這是有紀律的生命，勤奮作工。「打發使女出去，自己在城中至高處呼叫」(3 節)，這是生命的主動邀請，叫人進到生命裏去。

相對而言，「愚昧的婦人喧嚷；她是愚蒙，一無所知」(箴九 13)，這裏沒有生命的建造，沒有七根柱子的房屋，只有噪音與混亂。沒有對道德與價值的判別與追求，只有愚蒙和無知。「她坐在自己的家門口，坐在城中高處的座位上」(14 節)，沒有任何準備，沒有肉，沒有酒，沒有筵席，沒有使女。「呼叫過路的，就是直行其道的人」(15節)，愚昧的婦人只是坐著呼叫，讓無知的人誤墮她的陷阱。

富有趣味的是，智慧的婦人和愚昧的婦人邀請人的說話都是一樣的。「誰是愚蒙人，可以轉到這裏來！」(箴九4、16)生命的路和死亡的路對人作出相同的呼喚。

在一九七八年，基督教界在香港進行了一次福音遍傳運動，主題是：「我找到了！」向未信的人發出一個問題：「你找甚麼？你找到了沒有？」有一次，我在倫敦的唐人街閒逛，倫敦的唐人街很接近紅燈區，有一個人走近我，問了一個問題。他問：「你找甚麼？你找到了沒有？」一模一樣的問題，但一個是引人走向永生，一個是引人走向紅燈區。

信仰應許人盼望，叫人以信心回應；我聽過一個層壓式推銷員推銷，呼籲人成為他手下，他同樣應許盼望，叫人以信心回應。

智慧的婦人的信息是這樣的：「你們來，吃我的餅，喝我調和的酒。你們愚蒙人，要捨棄愚蒙，就得存活，並要走光明的道。」(箴九5～6)所謂「愚蒙」，就是對生命的終極意義毫不理解、毫無興趣。要捨棄這種道德與靈性的無知，進入「光明的道」中。這裏「光明」一詞，在希伯來文裏，就是九章10節所講「認識至聖者便是聰明」中「聰明」一詞。「捨棄愚蒙」，就是在敬畏神的心境中，生命有所改變，看到自己的墮落，並力圖走向更高的、道德與靈性的光景。

箴言九章1節以「智慧」開始，以6節的「光明」(即「聰明」)告終。愚昧的婦人吸引人(或說誘惑人)的信息是這樣的:「偷來的水是甜的，暗吃的餅是好的。」(九17)偷食總是比正餐更吸引人的。罪惡本身有一種魔力。

最經典的例子是奥古斯丁在《懺悔錄》裏提到的一個人性經驗。奥古斯丁說:「在我家葡萄園附近有一株梨樹，果子並不吸引。我和一班年輕的壞蛋在一次深夜裏，將樹上的果子都搖下來。拿了這些梨，不是為了大吃一頓，只是拿去餵豬。我們做這勾當，因為這勾當是不許可的。」他向神認罪說:「我作惡是毫無目的的，為作惡而作惡。罪惡是醜陋的，我卻愛它。我愛墮落，我愛我的缺點。我這個醜惡的靈魂，掙脱神的扶持而走向滅亡，不是在恥辱中追求甚麼，而是追

求恥辱本身。……我摘這些果子，純粹是為了偷竊。只是為了飽餐我的罪惡，享受罪中之樂而已。」（參 2.4 及 2.6）

偷偷摸摸的行為，有一種特殊的吸引力。在這裏，沒有敬畏神的心，沒有叫人走向更高的道德和靈性，只是順著人的罪性去發揮。不是叫人離棄愚昧，而是叫人在愚昧中生活。正如箴言九章 18 節所言：「人卻不知有陰魂在她那裏；她的客在陰間的深處。」這生命的結局是死亡。九章 13 節以「一無所知」開始，以 18 節的「不知」死亡的逼近終結。

電台一個年輕人節目曾經叫聽眾選舉「誰是最想去非禮的女藝人」。主持人認為這只是一個遊戲，有候選的女藝人也表示無傷大雅。他們鋪排了一個甚麼樣的筵席？他們引導人進入一個甚麼樣的生命抉擇中？他們公開地呼喚人赴會，而很多年輕人欣然赴宴，毫不意識這是死亡之宴。

不知道某一種生活方式是前赴一個死亡宴會，是一種靈性的無知。不知道我們必須在生命的筵席和死亡的筵席之間作抉擇，是另一種靈性的無知。我們走的路，不是引向永生，就是引向死亡，但我們可能對此毫無意識。人生的抉擇，是生死大事，我們不得不嚴肅面對。

有人說，有了彩色電視之後，生命不再黑白分明。善與惡、美與醜、天堂與地獄，中間的界線已經模糊。「無界線」就是「無間」，生命之路變成「無間道」，警察與匪徒難以劃分。價值與反價值之間不再有界線，社會學家涂爾幹（Emile Durkheim）稱之為「失去規範」的狀態，英文是"anomie"。"anomie"是"norm"加上一個"a"，"a"在希臘文中指「沒有」。"anomie"就是「失去了規範」。「失去規範」的狀態，涂爾幹認為正是現代社會自殺率高的原因。自殺就是走向死亡。失去了價值與反價值之間的界線，讓人感到無比的空虛，感到失去了安頓心靈的家園，這使人走向死亡。

問題是：我們能意識到永生與死亡的永恆分別嗎？

我們活在一個世俗化的世界裏，我們缺乏神聖的體驗。以前，人和神打交道是常有的經驗，神在大地中行走。現在，我們離開神很遠了。我們祈禱，有時只是一種慣性動作，沒有意識神在聆聽。

在這種世俗化的生活中，選擇信仰到底又是一種甚麼樣的人生抉擇？

有時，人選擇返教會，信仰神，就像是選擇去某一間茶樓，點某一種菜色。這當然是一種生命中的抉擇，但不是生命中關乎生死的抉擇。很多人喜歡返教會，信耶穌，因為喜歡這種人與人相處的方式，或者喜歡教會給人的感覺，喜歡聖經的道理，或崇拜的儀式。但是，這種喜歡，就像是揀一件自己喜歡的漂亮衣服一樣，是不關乎生死的。

當選擇信仰只是生活中千百種選擇之一，而不是人生終極的抉擇時，哲學家祈克果向信徒大聲疾呼，信仰是人為之而生、為之而死的大事。

信仰於你而言，意義何在？

箴言的經文提醒我們，在我們面前是生死兩條大路。不意識自己是在這兩條大路中二擇其一，是一種愚昧。被罪惡的誘惑力吸引，走向死亡之路，是另一種愚昧。前赴這兩個宴會是免費的，但從來都沒有免費午餐，午餐背後的後果可以是十分嚴重的。你是否聽從智慧婦人的呼喚，走向生命的筵席？在那裏，基督的生命就是筵席的食物。正如主耶穌說：「我是從天上降下來的生命的糧，人若吃這糧，就必永遠活著。」

（按：本文原是筆者於二○○六年八月二十日在香港中文大學崇基禮拜堂宣講的講章，時為聖靈降臨期第十一主日。本講章曾刊於《基督教週報》第2193至2195期，文章版權屬香港華人基督教聯會，承蒙允許使用。）

7

辨別真智慧——

勇於服事

馬可福音九章30至37節

要辨別真智慧，我想起電影《奪寶奇兵》第三集，主角瓊斯（Indiana Jones）尋找主耶穌最後晚餐用過的聖杯的故事。他要過三關才能找到聖杯：首先，要有信心，要憑信心跳下懸崖，這才發現能踏在一條肉眼看不見的路上。其次，要謙虛，要低頭，才能避過向著頭部斬下來的大刀。最後，到達聖杯之所在了，卻發現枱上擺著大大小小各式各樣不同的杯。人在這裏要作抉擇，若選擇錯了，喝下杯中的水，不單不會長生不老，反會招來即時的殺生之禍。這是一個辨別真智慧的時刻。有人急不及待地拿起金光閃閃的杯，喝下其中的水，心中期待著長生不老，卻帶來生命的毀滅。主角不斷想：一個木匠的杯會是怎樣的？最後，他拿起一隻毫不起眼的、最簡樸的杯。我記得那守護聖杯的十字軍說："You choose wisely."（「你作了明智的選擇。」）

在我們自己的人生中，我們會認為主耶穌的杯是一隻甚麼樣的杯？我們會選擇一隻甚麼樣的杯，喝其中的水？

我們甘願喝耶穌的杯，抑或我們只喝我們想喝的杯？

我們看看馬可福音九章 30 至 34 節。

> 他們離開那地方，經過加利利；耶穌不願意人知道。於是教訓門徒，說：「人子將要被交在人手裏，他們要殺害他；被殺以後，過三天他要復活。」門徒卻不明白這話，又不敢問他。
>
> 他們來到迦百農，耶穌在屋裏問門徒說：「你們在路上議論的是甚麼？」門徒不作聲，因為他們在路上彼此爭論誰為大。

短短的經文，揭露了主耶穌的祕密，也揭露了人性的祕密。主耶穌有主耶穌的講法，我們有我們的想法。「上有政策，下有對策」，不單人間的行政情況如此，信仰情況也如此。

主耶穌的道理顯淺不過，祂的杯，不是金杯銀杯，而是最簡樸的杯，但其中卻有生命的水。門徒不明白這話。當人心中想著別的東西時，就不能明白放在眼前的東西了。

有一個故事是這樣的：

門徒問大師：如何明白真理？

大師回答說：看到任何東西，就看著它，不要看到別的。例如：當你看著圓圓的月亮時，就只看著圓圓的月亮，不要看到別的。

門徒大惑不解，問：當一個人看著圓圓的月亮時，除了看到圓圓的月亮外，還可能看到甚麼呢？

大師回答說：學生看到圓圓的月亮，會看到中秋節的假期；小孩子看到圓圓的月亮，會看到月餅；遊子看到圓圓的月亮，會看到親人。

主耶穌的門徒，看不到主耶穌顯示出來的杯。他們看到別的東西。聖經說：門徒不明白主耶穌的話，又不敢問祂。為甚麼他們不敢問呢？是否因為他們害怕澄清主耶穌的話的後果？是否他們根本各有打算？換了是我們，我們敢問嗎？

門徒不問，反而耶穌主動問：「你們在路上議論的是甚麼？」這一問可能只是閒話家常。但門徒再一次沉默，因為他們在路上彼此爭論誰為大。若主耶穌閒話家常地問我們：「你正在做甚麼呀？」我們會沉默嗎？

在教會裏，我們盤算著甚麼？在工作上，我們盤算著甚麼？在人生裏，我們盤算著甚麼？

我們會選擇一隻錯誤的杯，喝下其中置我們於死地的水嗎？

門徒爭論誰為大，他們爭論誰能得到金杯，忘記主耶穌那隻木匠的杯。「誰為大」是一個權力問題。近代學者福柯（Michel Foucault）指出，權力問題無處不在。家中洗手間的廁板為何總是要揭起來，待女性成員用的時候才放下來，但用完後必須揭回去？女性主義者可能會指出，這就是男性父權對家中洗手間的廁板的制宰。為何廁板不是應該放下來，待男性成員用的時候收起，用完後放回去？家中「誰為大」？

面對一個説英語的西方人，有人會羨慕他能説流利的英語。但對著家中懂説英語卻不懂説廣東話的外傭姐姐，有人會覺得她總欠缺點甚麼。後殖民主義者可能會指出，這就是管治者對被管治者的歧視。民族之間，「誰為大」？

在家中看電視，由樓盤贊助的劇集幾次在劇情中帶我們遊覽樓盤。後馬克思主義者可能會指出，這是大資本家透過結合產品及娛樂，對消費者進行權力操控。

由去洗手間到看電視，處處都滲透著權力的痕迹。「誰為大」這個問題是多方多面地向我們提出的，多方多面地塑造我們，多方多面地引導著我們人生的方向。很多時，這一切在我們不自覺的情況下發生。

網球名將麥根萊（John McEnroe）有一次説：「每個人都愛成功，卻恨成功的人。」（“Everybody loves success, but they hate successful people.”）若真是這樣，你成功時，別人恨你；別人成功時，你恨他們。

因著這「誰為大」的爭論，人人彼此相恨。

哪隻杯才能給我們永生的水？或者問：生命的偉大建基於何處？這個問題一定要搞清楚。若錯誤了，就會變成偉大的錯誤。

有一日，所有老鼠進行選拔大賽，要找出誰最偉大。經過連番惡鬥，結果終於出來了。最偉大的老鼠終於誕生了。但是，最偉大的老鼠，畢竟還只是一隻老鼠。在人生中，我們爭論誰為大？若我們錯誤地選擇人生，則我們只是罪人，最後，就算讓你成為最偉大的人，你也只是最偉大的罪人。最偉大的老鼠，畢竟還只是一隻老鼠。

主耶穌指示我們，生命的真正偉大應建基何處。「耶穌坐下，叫十二門徒來，說：『若有人願意做首先的，他必做眾人末後的，作眾人的用人。』」我們很容易遺漏「偉大」，因為「偉大」通常看來渺少。

猶太塔木德有這樣的一個故事：

拉比問先知：我應往哪裏去尋找救主呢？

先知答：在城門口。

拉比問：我如何可認出他呢？

先知答：他坐在痲瘋病人中。

拉比問：在痲瘋病人中？他在那裏做甚麼？

先知答：他逐一為他們包紮傷口。

故事到此結束。拉比的疑問是：救主就是做這些事嗎？這個故事卻要指出：這些事不就是最偉大的事嗎？

主耶穌所講的生命的偉大，在於甘心服事他人。

當然，若有人強逼你，奴役你，你可能需要反抗，不要一味地服事。這是聖經中的「出埃及」傳統，一種擺脱奴役的傳統。主耶穌講的，不是這一方面，而是人與人之間相處的基本態度。不是一個人要壓倒另一個人。不是一個人要取去另一個人的話事權。若是這樣，生活就變成無休止的爭鬥，洗手間的廁板不能揭上去，也不能放下來，而是要置於中間。

面對另一個人，基本的態度不是視他為對手，而是視他為服事對象。不是要激化人與人之間的矛盾，而是透過服事化解兩者之間的隔膜。就像在飯桌上，不是鬥快去夾最好的菜給自己，而是將最好的菜夾給身邊的人。惟有這樣，生命才不是競賽，才不會叫我們耗盡精力而死；在服事中，人與人分享愛，在愛中彼此的生命得到最大的滋潤。

若權力是無處不在的話，則主耶穌提示我們，不要將權力用於宰制他人之上，而要用在服事他人之上。能夠服事，視乎我們如何看待他人。他人是我們的對手，抑或他人是需要我們幫助的人。

我們應如何看人？

> 於是領過一個小孩子來，叫他站在門徒中間，又抱起他來，對他們說：「凡為我名接待一個像這小孩子的，就是接待我；凡接待我的，不是接待我，乃是接待那差我來的。」（可九 36～37）

耶穌將一個小孩子放在眾人的視線中間，讓眾人看。一個小孩子，無權無勢，無社會地位，也無令人羨慕的地方。面對這小孩子，我們能看到甚麼？

在一般的社交場合，我們的視線總落在社會上的成功人士身上。在一個強調增值的社會，這些成功人士是成功增值的人，通常也是成功增磅的人。他們將很多東西帶進生命中。但若將他們增值了的東西解除掉，還留下甚麼？若解除我們的社會地位，解除我們的學位，解除我們的財富，解除我們的經驗，解除我們的化妝，解除我們的衣著，還留下甚麼？

還留下甚麼？留下一個赤條條的人。當一個人變得赤條條時，我們還能看見甚麼？我們看見他，不再看見他增值了的一切，而是看他是一個人。主耶穌叫我們看一個小孩子，乃是讓我們看見人最基本的人性。在這裏，沒有附加價值，就只是最簡單的人性。

主耶穌被釘十架之前，頭戴荊棘冠冕，被彼拉多帶來示眾，彼拉多對羣眾說：「看，這個人（拉丁文是 *Ecce Homo*）」。後來，描繪頭戴荊棘冠冕的耶穌的宗教畫，主題就叫"*Ecce Homo*"。「看，這個人」這句話真有深意。一個一無所有的人，我們在其中，卻看到「人性」。看，人性在此。

「看，這個人！」「看，這個小孩子！」我們能看到甚麼嗎？主耶穌說：「凡為我名接待一個像這小孩子的，就是接待我；凡接待我的，不是接待我，乃是接待那差我來的。」不是因為他有社會地位，不是因為他有錢，不是因為他會回報你，不是因為他對你有益處，而只是單單因為他是人，你去服事他，你就是服事了主耶穌。

生命中增值的東西，通常都是耀眼的，卻令我們遺忘顯而易見，卻又視而不見的人性。

你尊重具人性的人嗎？

真正的智慧，在於看重這人性。有人說：世上偉大的人，是做很多不想做的事，去獲得自己不喜歡的人的讚賞的。在主耶穌的教導裏，我們可以說：真正的偉大，在於做別人不屑做的事，讓被人忽視的弱者的人性得到尊重。

（按：本文原是筆者於二〇〇六年九月二十四日在香港中文大學崇基禮拜堂宣講的講章，時為聖靈降臨期第十六主日。本講章曾刊於《基督教週報》第 2199 期至 2201 期，文章版權屬香港華人基督教聯會，承蒙允許使用。）

8

為僕之王——

真正的服事

馬可福音十章35至45節

三隻動物馬、牛、豬，在爭論誰在戰爭一事上的貢獻最大。馬說：「我的貢獻最大，因為我在戰場上衝鋒陷陣。若要打勝仗，無我不成。」牛說：「我的貢獻最大，因為我提供糧食，養活後方所有的人。」豬說：「我的貢獻最大，因為無我做元首，根本不會搞出戰爭來。」

誰是豬？誰是引起戰爭的愚昧人？是我？是你？沒有人主動要作愚昧人，通常是「自以為聰明，反成為愚昧」。

在馬可福音十章35至37節裏，記載了主耶穌兩個門徒的行徑。

> 西庇太的兒子雅各、約翰進前來，對耶穌說：「夫子，我們無論求你甚麼，願你給我們做。」耶穌說：「要我給你們做甚

麼？」他們說：「賜我們在你的榮耀裏，一
個坐在你右邊，一個坐在你左邊。」

十章41節記述了其他門徒的反應：「那十個門徒聽見，就惱怒雅各、約翰。」

一個緊密的、滿懷理想的小團體，因有兩個人明確表達了各人心底的渴望，「搶了頭啖湯」，引發其他人的「惱怒」，也就引發了人與人之間的戰爭。若其他門徒沒有這種渴望，他們何需這般「惱怒」！若你的同事獲得嘉許，而你從來沒有渴望這種嘉許，你會耿耿於懷嗎？

這兩個門徒的要求，就性質而言，可能是我們每個人的人生渴求。人生要追求高位、要高過人、要比人更尊貴、更有權。按中國人的講法，要比人更有面子。人人給你面子，多威風；若時常只能給人面子，多令人沮喪。

這種心態，不一定因跟隨耶穌而改變，反可能借助耶穌之力而加強。這兩個門徒沒有因跟隨耶穌而放下舊有的人生渴求，反而因跟隨耶穌，多了耶穌這個助力，更強化自己既有的人生追求。表面上是跟隨主，心底裏卻抓緊自己的渴求，主只是滿足這渴求的工具。

教會從來不缺乏人宣講真理，但宣講的人可能只想著自己的偉大。教會從來不缺乏人講見證，但講的人可能只陶醉在別人的艷羨目光中。教會從來不缺乏人付出，但付出的人可能已計算過將要獲得的更大回報。

耶穌身邊的這兩位門徒，他們想著高位。這引起其他門徒的惱怒。想高過他人，這種渴求是無止境的。別人不甘心低於你，他們的反擊也是無止境的。你用拳頭打贏我，我便造一把刀去砍你。你造一枝鎗來射我，我又造一個原子彈去炸你。人與人之間永不止息的鬥爭源於此。我們不喜歡人間的鬥爭，但我們很少理會，引發鬥爭的種子存在於我們的渴求中。

《孫子兵法》有云：「不戰而屈人之兵，善之善者也。」不用真打而能勝，多好！但這仍有好勝之心。面對門徒之間的衝突，主耶穌教導他們克勝心魔。

耶穌叫他們來，對他們說：「你們知道，外邦人有尊為君王的，治理他們，有大臣操權管束他們。只是在你們中間,不是這樣。你們中間,誰願為大,就必作你們的用人;在你們中間,誰願為首,就必做眾人的僕人。」(可十42～44)

中國人說:「以力服人者、霸;以德服人者、王。」(參:《孟子》〈公孫丑章句上〉,原句是「以力假仁者霸……以德行仁者王」。)主耶穌在此教我們「王道」。以力服人,別人力不及你,不服你也被逼服你,但終歸想除掉你。以德服人,你無心勝人,別人也心悅誠服,接受你生命的感化。

「霸道」是不斷增強自己的實力,以自己的力量為焦點,成為強者中的強者。主耶穌教導的「王道」,以他人的益處為中心,自己卻成為服事他人的最卑微的僕人。

成為轟轟烈烈的、偉大的殉道士,或者有人願意做。但為別人洗腳,除了在某種宗教禮儀裏有人願意做之外,在現實裏卻是很少有人願意做的。若我們在服事時,知道會引起別人的讚賞,我們或會甘心承擔這服事。

若我們服事，根本永遠不會有人知道，也沒有報償，卻仍能甘心樂意地服事，則很難。這才是以僕人的心去服事。

靈修學者傅士德（Richard Foster）在《屬靈操練禮讚》（*Celebration of Discipline*）一書裏，區分了「假的服事」和「真的服事」。「假的服事」在深層裏其實是服事自己，故是一種「自義的服事」。「真的服事」卻是服事他人。

假的服事是自己逼出來的。真的服事卻是由衷地聽憑神的愛的感召。

假的服事渴求顯眼的事工，希望達致令人讚歎的成果。真的服事不計較服事的大小，甘願作微小的事。

假的服事渴求別人的讚賞。真的服事不喧嚷、不揚聲，靜享心中的平安。

假的服事渴求回報。真的服事以別人得福為樂。

假的服事著眼於服事誰。真的服事不介意服事誰。

假的服事要視乎有沒有感動或感覺。真的服事看重當事人真實的需要。

假的服事是事工性的。真的服事卻是一種做人態度、生活方式。

假的服事強逼他人接受他的服事。真的服事沒有這種強制性。

假的服事以自己為中心，透過服事去高舉自己，控制他人。真的服事是愛的施予，自我在服事中是隱退的。（參傅士德：《屬靈操練禮讚》〔香港：基督徒學生福音團契，1982〕，頁121～122。）

真正的服事，需要生命的轉化。生命若不轉化，生命若仍不斷追求坐在主的左右，則任何服事可能只是一種手段，令自己沾沾自喜，步步高升。

在一個聚會裏，眾人討論一個問題：「一個僕人應該是怎麼樣的？」眾人興高采烈，給出不同的意見。有人說：「一個僕人應當勤力。」有人說：「一個僕人應當表現得開開心心。」最後，有一個不顯眼的人，他簡單地說：「我應該做主人吩咐的事情。」眾人都沉默，看著他。他顯然是一個僕人。

當每個人都以僱主的角度去討論問題時，惟有他，以僕人的身分去回應問題。這是另一個角度。這不是高談闊論地討論僕人應該如何如何，而是以僕人的身分自處。不是以僱主的身分看其他人如何為僕，而是明白自己只是一個僕人。

服事，是一種存在方式。

「一個僕人應該是怎麼樣的？」

你會以甚麼角度去回答這問題呢？

我們或都玩過「傳球」遊戲：音樂響起，大家將球傳向身邊的人；音樂停了，手裏拿著球的人不是勝出，而是落敗，要受罰。人性就是一種這般奇怪的東西，當你拿著「自我」時，你的生命反而是失敗的。只有當你放下「自我」時，你才會進入生命的豐盛中。馬可福音十章35至45節中論到服事，主耶穌最後一段話是：「因為人子來，並不是要受人的服事，乃是要服事人，並且要捨命作多人的贖價。」（45節）

為甚麼「誰願為大，就必作你們的用人⋯⋯誰願為首，就必作眾人的僕人」？主耶穌在這裏給出一個神學的理由。這不是計算付出與收穫是否相稱的經濟學，不是計量如何獲得權力的政治學，更不是厚黑學的權謀。主耶穌作為神的生命的具體臨現，祂說，神的生命就是在服事中活現出來的。「要捨命作多人的贖價」，神的生命的本質，就是為他人而放下自己。這就是愛。

在服事中，在愛中，生命不單不會耗盡，反而獲得源源不絕的滋潤。

在西班牙的塞哥維亞（Segovia），有一條古羅馬引水道，建於公元一○九年，距離現在差不多二千年，一直被使用，將水引入乾旱的城中。有好心人為了保護它，提出以現代輸水管引水，不再用這些古引水道。當現代的輸水管鋪設好後，人卻發現，那古水道開始崩潰了。原來那些古水道必須得到水的不斷滋潤才能鞏固。當它能引水時，它堅強了。當它不用提供這服務時，它卻瓦解了。人性生命豈不也如此！

主耶穌的說話清楚表達了，神的生命和人的生命同樣具有一種「為他人而活」的特性，只有當服事他人，這生命本身才會茁壯而豐盛。當人不去服事，只顧自己時，這生命反而會漸漸凋零。

德蘭修女講過一個這樣的故事：「一天晚上，一個男子來到我們家，對我說：『有一戶人家，有八個孩子，已經幾天沒吃東西了』。於是我帶了一些食物去看他們。當我看見他們時，他們沒有愁苦，沒有憂傷，只表現出極度飢餓的痛苦。我把米交給他們的母親。她立即將米分成兩份，然後拿一份出門去了。她回來說，我問她：『你去哪裏？』她簡單地回答：『去鄰居那裏，他們也正在挨餓。』」

德蘭修女的按語是：「對她願意分享，我並不驚訝，因為窮人都是非常慷慨的。但令我驚訝的是，她居然會知道有鄰居在挨餓。依常理而言，當我們受苦時，都是全神貫注在自己的苦上，根本無暇顧及別人的需要。」（參 http://peopleforothers.loyolapress.com/2013/07/wisdom-story-160/）這位母親，她活出了人性的光輝。她是貧乏的，卻是豐盛的。她是卑微的，卻是偉大的。

舊約創世記有這樣的記述：當神要毀滅罪惡之城所多瑪時，亞伯拉罕向神求情，求神為了城中的義人的緣故，不毀滅這罪惡之城。神應允了，只要這城中存在十個義人，也不毀滅這城。神會因義人的存在，而不毀滅這罪惡的世界。

在猶太教的傳統裏有一個講法，世界上存在著三十六位義人，他們通常是卑微的、不為人知的，沒有人會知道他們為了他人的緣故，承受了別人的罪惡和苦難，他們自己也對此毫無意識。正因為他們的存在，神才不毀滅這個罪惡橫行的世界。只要他們不存在，神會即時毀滅這個罪惡的世界。

對於是誰，或者說，人性生命中的甚麼質素托著這罪惡的世界，使之不致遭毀滅，我們有意識嗎？

有一間化妝品公司招請最美麗的女士作模特兒，應徵信堆積如山。有人留意到一封由小孩子寄來的信，這封信錯字連篇，大意是這樣的：「在我家的那條街上，住了一位美麗的女士，我天天去看她。她和我玩，和我談話，了解我的需要。她讓我覺得我是重要的，當我離開時，她總說：我以你為榮。」這封信附有這女士的相片。小孩子寫著：「從這相片，你可以看到她是最美麗的人。我渴望我將來的太太能像她一樣美麗。」

這公司的老闆覺得這封信很有意思，特意看看這相片。相片上，他看到一個牙齒掉光，坐在輪椅上的一個老人家，她充滿笑容，從深深的皺紋中散發出慈愛的光彩。這老闆說，我們不能用她，理由是：若聘用她，則全世界的人都會看到，不用我們的化妝品，生命也可以如此美麗。（這故事改編自葛愛麗編：《溫馨100——心靈故事珍藏版》〔El Monte, CA.：台福傳播中心，2002〕，頁247～248。）

（按：本文原是筆者於二〇〇六年十月二十二日在香港中文大學崇基禮拜堂宣講的講章，時為聖靈降臨期第二十主日。本講章曾刊於《基督教週報》第2202至2204期，文章版權屬香港華人基督教聯會，承蒙允許使用。）

9

台前幕後——

心靈的交戰

約翰福音十八章28節至十九章16節

很多時候，場地的設計本身就是一個信息。有些教會的講壇放在禮堂前方中央，代表著「道」的宣講是崇拜的中心。有些教會將祭壇放在禮堂前方中央，代表重視基督在聖禮中的臨在。天主教會的十字架上有受苦的耶穌，代表他們強調基督有血有肉的獻祭。

在歐洲，很多大教堂裏面黑黑的，光明透過彩色玻璃窗射進來。這種設計將世界明確地一分為二，一個是外面的世界，在日光下暴露出來，喧鬧的、世俗的；一個是裏面的世界，在心靈幽暗的深處，寧靜的、神聖的。在這心靈空間裏，光明透過彩色玻璃窗射進來。在黑暗中，裏面的人特別意識這種光明。天上的光明，透過彩色玻璃，將色彩帶入人間。彩色玻璃上的圖案，常是聖經中的人物和情節，光明將這些圖案，印在人的心靈中。崇拜的人停留在天上光明的色彩中。

聖經中有些經文，特別刻意呈現出一種舞台設計的效果。藉著這種舞台設計，揭示一種靈修信息。經文約翰福音十八章28節至十九章16節，是一段具備特別舞台設計效果的經文，讓人像看戲一樣，情節一幕一幕地透露出來。

(1)「耶穌，祢是王嗎？」

眾人將耶穌從該亞法那裏往衙門內解去，那時天還早。他們自己卻不進衙門，恐怕染了污穢，不能吃逾越節的筵席。彼拉多就出來，到他們那裏，說：「你們告這人是為甚麼事呢？」他們回答說：「這人若不是作惡的，我們就不把他交給你。」彼拉多說：「你們自己帶他去，按著你們的律法審問他吧。」猶太人說：「我們沒有殺人的權柄。」……彼拉多又進了衙門……（約十八28～31、33）

留心這舞台的設計，是審判官彼拉多的衙門。衙門有外面，有裏面。外面有羣眾，他們不進衙門。裏面有耶穌。審判官彼拉多則在這兩個場景之間走來走去。這個舞台設計是否顯示出我們屬靈生命面對的兩個領域呢？有一個外面的世界，有一個裏面的世界。

外面的世界是屬於羣眾的，充滿喧嘩，充滿控訴，充滿要求，充滿仇恨，充滿殺機。裏面的世界好像我們生命的內室。有誰在那裏？那裏有耶穌，有寧靜的對話，有安靜的思考。

外面的喧嘩與裏面的寧靜，形成一種張力。在這台前幕後，審判官的心靈在交戰，他要在生命中作出重要的判斷。這個判斷的主題是甚麼呢？看看這位心靈在交戰中的人在內室裏的第一個問題：「彼拉多又進了衙門，叫耶穌來，對他說：『你是猶太人的王嗎？』」（約十八33）這問題一語道出這心靈交戰的主題：「耶穌，祢是王嗎？」彼拉多的困惑，正正環繞這個主題。

當外面的喧鬧、控訴、仇恨，不斷衝擊彼拉多時，彼拉多在內室問耶穌：「祢是王嗎？」當一個男人殺死他的妻子和女兒時，我們在內室可能同樣會問耶穌：「祢是王嗎？」為何這個世界會是這樣的？「耶穌，祢是王嗎？」

彼拉多承受著羣眾的壓力，要去保住某些人的利益，去消滅一個人。你可能承受著同樣的羣眾壓力。這個時候，當我們進入內室，靜下來時，這些問題將會變得很清晰：耶穌是我們生命的王嗎？誰真正掌握著我們的生命？誰對我們有最大的話事權？誰主宰我們的命運？我們的生命不斷承受著外在世界的種種壓力，要不迷失，你必須回答這個最根本的問題：「耶穌是你生命的王嗎？」

彼拉多問耶穌：「祢是王嗎？」我們看看耶穌如何回答彼拉多這問題。「耶穌回答說：『我的國不屬這世界；我的國若屬這世界，我的臣僕必要爭戰，使我不至於被交給猶太人。只是我的國不屬這世界。』」（約十八 36）耶穌言下之意就是說：我是王，但不是一般人所理解的那種王。

林肯（Abraham Lincoln）說過：「若你要考驗一個人的人格，則給他權力。」有個笑話是這樣的，話說有一天，希特拉探訪一間精神病院。他問一個病人是否知道他是誰，那個病人搖頭表示不知道。希特拉憤怒地大聲宣佈：「我是希特拉，你們偉大的領袖。要殺誰，就殺誰。我的力量之大，足與神相比。」病人們大笑。很同情地望著他。有人拍拍他的肩膀，說：「我們開始病的時候，都講過同一番說話。」

有人有權力時，會說：「你若不聽話，我必打你！」

有人有權力時，卻說：「不要懼怕，有我同在。」

彼拉多有點不耐煩，再問一次。

> 彼拉多就對他說：「這樣，你是王嗎？」耶穌回答說：「你說我是王。我為此而生，也為此來到世間，特為給真理作見證。凡屬真理的人就聽我的話。」彼拉多說：「真理是甚麼呢？」（約十八 37～38）

我們可能埋怨彼拉多為何不等耶穌回答。知道真理是甚麼，多好。但我認為，幸好主耶穌沒有回答這問題，若主耶穌答了，很多人就會執著這真理，排斥那些他們認為遠離這真理的人。

彼拉多說：「真理是甚麼呢？」說了這話，又出來到猶太人那裏，對他們說：「我查不出他有甚麼罪來。但你們有個規矩，在逾越節要我給你們釋放一個人，你們要我給你們釋放猶太人的王嗎？」（約十八38～39）

這審判官在自己的內室中判定耶穌無罪。但是，外面的世界能接受這判決嗎？「他們又喊著說：『不要這人，要巴拉巴！』這巴拉巴是個強盜。」（約十八40）外面的世界不要真理的王，他們寧要強盜。

你的內心可能認定耶穌為王，但外面的世界寧要強盜。你能承受這壓力嗎？

(2)「耶穌，祢從哪裏來？」

舞台上的燈忽然暗起來，一段特殊的情節進行著。原來，是王者的加冕(約十九1～5)。

當下彼拉多將耶穌鞭打了。兵丁用荊棘編做冠冕戴在他頭上，給他穿上紫袍，〔這位王者帶上用荊棘造的冠冕，穿上代表尊貴的紫袍。荊棘冠冕符合這位為人受苦的王者的身分。〕

又挨近他，說：「恭喜，猶太人的王啊！」他們就用手掌打他。〔這是對受苦的王加冕的一種特殊歡呼。〕

彼拉多又出來對眾人說：「我帶他出來見你們，叫你們知道我查不出他有甚麼罪來。」〔內室裏的耶穌第一次被推到台前，讓羣眾面對祂。〕

耶穌出來，戴著荊棘冠冕，穿著

紫袍。彼拉多對他們說：「你們看這個人！（*Ecce Homo!*）」〔燈光照著這個從後台出來的人。看，一個真正的王者的出場。看，這個人，這個散發人性光輝的王者。〕

這是耶穌作為王者出場。我們能接受這個王嗎？我們能降服在一個頭戴荊棘冠冕的王的王權以下嗎？若能，我們的人生目標、生活方式，應該有何改變？

祭司長和差役看見他，就喊著說：「釘他十字架！釘他十字架！」〔外面世界的呼喊聲愈發大聲，大叫：釘他十字架。為甚麼呢？〕……

猶太人回答說：「我們有律法，按那律法，他是該死的，因他以自己為神的兒子。」

彼拉多聽見這話，越發害怕，又進衙門，對耶穌說：「你是哪裏來的？」耶穌卻不回答。〔彼拉多本來已下定決心，要釋放耶穌，但面對外面的壓力，他退縮了。他又回到內室，再單獨面對耶穌。他要按良知判斷，抑或在壓力下低頭。〕……

從此，彼拉多想要釋放耶穌，無奈猶太人喊著說：「你若釋放這個人，就不是凱撒的忠臣〔原文作朋友〕。凡以自己為王的，就是背叛凱撒了。」（約十九6～9、12）

凱撒代表著現世的種種權力、利益、渴望，失去這一切，則好像變得一無所有。擁抱這一切的人，都是凱撒的朋友。若你是彼拉多，你會如何抉擇呢？彼拉多在內心中多多少少同情耶穌，但面對外面的世界，卻又不得不服膺凱撒的王權。

（3）你選擇誰作王？

這是最後一幕，約翰福音十九章 13 至 15 節。

彼拉多聽見這話，就帶耶穌出來，到了一個地方，名叫「鋪華石處」，希伯來話叫厄巴大，就在那裏坐堂。〔這經文的字面意思可以造成一種錯覺，令人以為是耶穌出來坐在審判座上。〕

那日是預備逾越節的日子，約有午正。彼拉多對猶太人說：「看哪，這是你們的王！」〔剛才彼拉多說：「你們看這個人」。現在卻說：「看哪，這是你們的王」。如今，彷彿真正的王者坐在審判座上，頭戴王冠，身穿王袍。面對這樣的一個王，人的反應如何？〕

他們喊著說：「除掉他！除掉他！釘他在十字架上！」彼拉多說：「我可以把你們的王釘十字架嗎？」祭司長回

答說：「除了凱撒，我們沒有王。」〔猶太人對凱撒最反感，但為了剷除耶穌，他們選擇出賣自己猶太人的身分，出賣自己的神，出賣自己的尊嚴，竟聲稱凱撒為他們的王。〕

「於是彼拉多將耶穌交給他們去釘十字架。」（約十九16）彼拉多最終屈服了，他為了得到羣眾的支持，為了保持自己已有的種種利益，他出賣了自己的良心，出賣了自己內心的判斷，他寧願隨波逐流。這幕戲在此落幕。

約翰福音這一段記載，最滑稽的角色，是彼拉多。他在場景的台前幕後，走來走去，毫不空閒。他是審判官，在人間判定誰是王，甚麼是真理；在內室的王面前，他卻明顯地是被審判的人。他顯出了自己的徬徨、自己的軟弱，更顯出他向羣眾的暴力低頭、向世界的王凱撒屈服。

他好像滿有權力，判定一切，但在內室的主耶穌面前，卻只是一個可憐的人。有時，我們像彼拉多，在人生的舞台上，向耶穌發出問號：祢是王嗎？我們好像掌握大權，去判定真理，去判定形勢。有多少次，我們能立定主意，以內室的主耶穌為王，藉此回應外面羣眾的暴力、仇恨和喧鬧呢？

在這台前幕後，在這心靈的交戰中，你如何抉擇？

（按：本文原是筆者於二○○六年十一月二十六日在香港中文大學崇基禮拜堂宣講的講章，時為基督君王日。本講章曾刊於《基督教週報》第 2206 至 2208 期及第 2210 期，文章版權屬香港華人基督教聯會，承蒙允許使用。）

靈修著作精選

重整靈性生命，陶冶完善人格。

禁食，讓身體說話
Fasting
麥克奈特（Scot McKnight）著／陳永財 譯／ HK$88

尋訪古老的屬靈踐行
Finding Our Way Again: The Return of the Ancient Practices
麥拉倫（Brian D. McLaren）著／陳永財 譯／ HK$88

歸心祈禱的操練——與上帝親密同行 40 天
Forty Days to a Closer Walk with God: The Practice of Centering Prayer
大衛．邁思勤（J. David Muyskens）著／陳群英 譯／ HK$78

與神同誦——靈閱的意義與實踐
Reading with God: Lectio Divina
大衛．福斯特（David Foster）著／陳永財 譯／ HK$78

靈心明辨——在日常生活中體悟上帝的旨意
Discernment: Reading the Signs of Daily Life
盧雲（Henri J. M. Nouwen）、克理斯坦森（Michael J. Christensen）、萊爾德（Rebecca Laird）著／黃大業 譯／ HK$98

荒漠的智慧——沙漠教父語錄觀照
Desert Wisdom: Sayings from the Desert Fathers
盧雲（Henri J. M. Nouwen）導讀／野村湯史（Yushi Nomura）作畫及英譯
莊柔玉 中譯／ HK$48

感恩

Uncommon Gratitude: Alleluia For All That is

羅雲．威廉斯（Rowan Williams）、卓滌娜（Joan Chittister）著
陳恩明 譯／HK$83

信為何物——基督教信仰簡介

Tokens of Trust: An Introduction to Christian Belief

羅雲．威廉斯（Rowan Williams）著／陳恩明 譯／HK$78

禱告不是偽術——返璞歸真的祈禱

Prayers Plainly Spoken

侯活士（Stanley Hauerwas）著／禤智偉 譯／HK$68

當祂在十架上——與侯活士默想基督最後七言

Cross-Shattered Christ: Meditations on the Seven Last Words

侯活士（Stanley Hauerwas）著／紀榮智 譯／HK$53

與上帝同行的生命旅程

Living in the Companionship of God

簡．約翰遜（Jan Johnson）著／李小釧 譯／HK$68

凡事信靠：詩篇二十三篇

Trusting God for Everything: Psalm 23

簡．約翰遜（Jan Johnson）著／李小釧 譯／HK$68

敬虔操練 13 課

羅慶才 著／HK$68

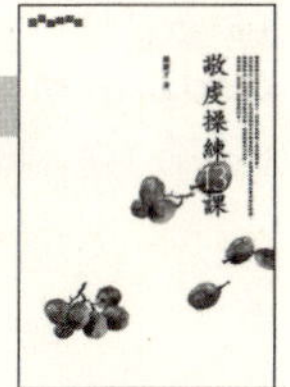

生命成長 17 課——學習聖靈果子和八福

羅慶才 著／HK$68

我一直以為，人生是這樣走的——為生命重新導航

Breaking the Idols of Your Heart: How to Navigate the Temptations of Life

艾倫德 (Dan B. Allender)、朗文 (Tremper Longman III) 著
李小釧 譯／HK$98

尚待揭曉——與上帝一起編寫你的未來

To be Told: God Invites You to Coauthor Your Future

艾倫德 (Dan B. Allender) 著／黃東英 譯／HK$88

把難處變為優勢——作蹣跚的領袖

Leading with a Limp: Turning Your Struggles into Strengths

艾倫德 (Dan B. Allender) 著／陳永財 譯／HK$93

把難處變為優勢——作蹣跚的領袖（習作本）

Leading with a Limp Workbook: Turning Your Struggles into Strengths

艾倫德 (Dan B. Allender) 著／陳永財 譯／HK$53

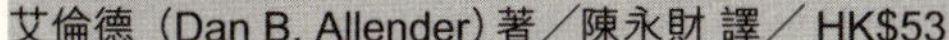

與潘霍華一同默想主的降生——41 天靈修之旅
God Is in the Manger: Reflections on Advent and Christmas
潘霍華 (Dietrich Bonhoeffer) 著／陳永財 譯／ HK$68

學作主的門徒——與潘霍華一同靈修 40 天
40-Day Journey with Dietrich Bonhoeffer
羅恩 · 克盧格 (Ron Klug) 著／李金好 譯／ HK$68

禱告靈旅——與 15 位聖徒一起禱告
Prayer Enrichment: Praying with Saints through the Ages
梅智理 (Jerry Moye) 著／周健文 譯／ HK$58

扭鬥——信仰動力之所在
A Wrestling People and A Wrestling God
梅智理 (Jerry Moye) 著／周健文 譯／ HK$88

隱藏的整全——朝向不再分割的生命
A Hidden Wholeness: The Journey Toward an Undivided Life
帕克 · 帕爾默 (Parker J. Palmer) 著／陳永財 譯／ HK$88

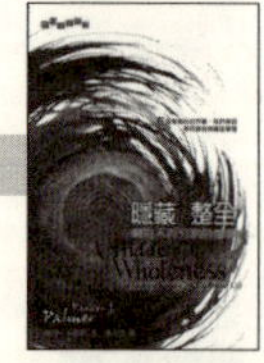

弔詭的應許——在矛盾中擁抱生命（二版）
The Promise of Paradox:
A Celebration of Contradictions in the Christian Life
帕克 · 帕爾默 (Parker J. Palmer) 著／陳永財 譯／ HK$78

在生命境況中尋見上帝——給當代讀者的舊約故事
Finding God in the Midst of Life:
Old Stories for Contemporary Readers
包衡 (Richard Bauckham)、哈特 (Trevor Hart) 著／紀榮智 譯
HK$78

讀者意見表

緊扣時代 服事教會

以文字傳揚基督真道

衷心多謝你購買本社書籍。本社一直致力以出版事工服事教會，幫助信徒扎根於神的話語，促進靈命增長。為使我們的出版更能滿足你的需要，請填寫下列各項資料，並寄回或傳真予本社。

所購書籍：＿＿＿＿＿＿＿＿＿＿

本書最吸引你的地方：

□作者 □適切性 □文筆 □設計 □實用性

□其他：＿＿＿＿＿＿＿＿＿＿

購買本書地點：

□基道書樓 □基督教書店 □非基督教書店

性別：□男 □女 職業：＿＿＿＿＿＿

信仰：□基督徒 □非基督徒

年齡：□ 16 歲或以下 □ 17～25 歲 □ 26～35 歲

□ 36～55 歲 □ 56 歲或以上

學歷：□中三或以下 □中五 □預科

□大學 □研究院

□我欲更多了解基道出版社的事工及考慮支持，請寄給我下列資料：

□機構簡介 □新書資料 □基道會員通訊

□《基道文字事工通訊》

姓名：＿＿＿＿＿＿＿＿ 電話：＿＿＿＿＿＿

地址：＿＿＿＿＿＿＿＿＿＿

＿＿＿＿＿＿＿＿＿＿

傳真：＿＿＿＿＿＿ 電子郵件：＿＿＿＿＿＿

其他意見：＿＿＿＿＿＿＿＿＿＿

＿＿＿＿＿＿＿＿＿＿

多謝賜教！

基道出版社

意見表可以傳真（2687-0281）或直接郵寄以下地址：

香港沙田火炭坳背灣街26號富騰工業中心1011室

基道出版社編輯部收